ダマスクス歴史文書館
18～20世紀のダマスクスの名家アズム家の邸宅を用いている。(2010年撮影)

モロッコ王立図書館の閲覧室(左下)
歴代の国王の肖像が飾られる。
(2011年撮影)

カイロ大学図書館(2009年撮影)

クルアーン写本

マムルーク朝下のシリアで 1372 年頃に書写された。ナスフ体という書体で書かれ，金色の梅花模様は節の終わりを示し，読誦する際の声調が赤色の記号で記されている。（東洋文庫所蔵）

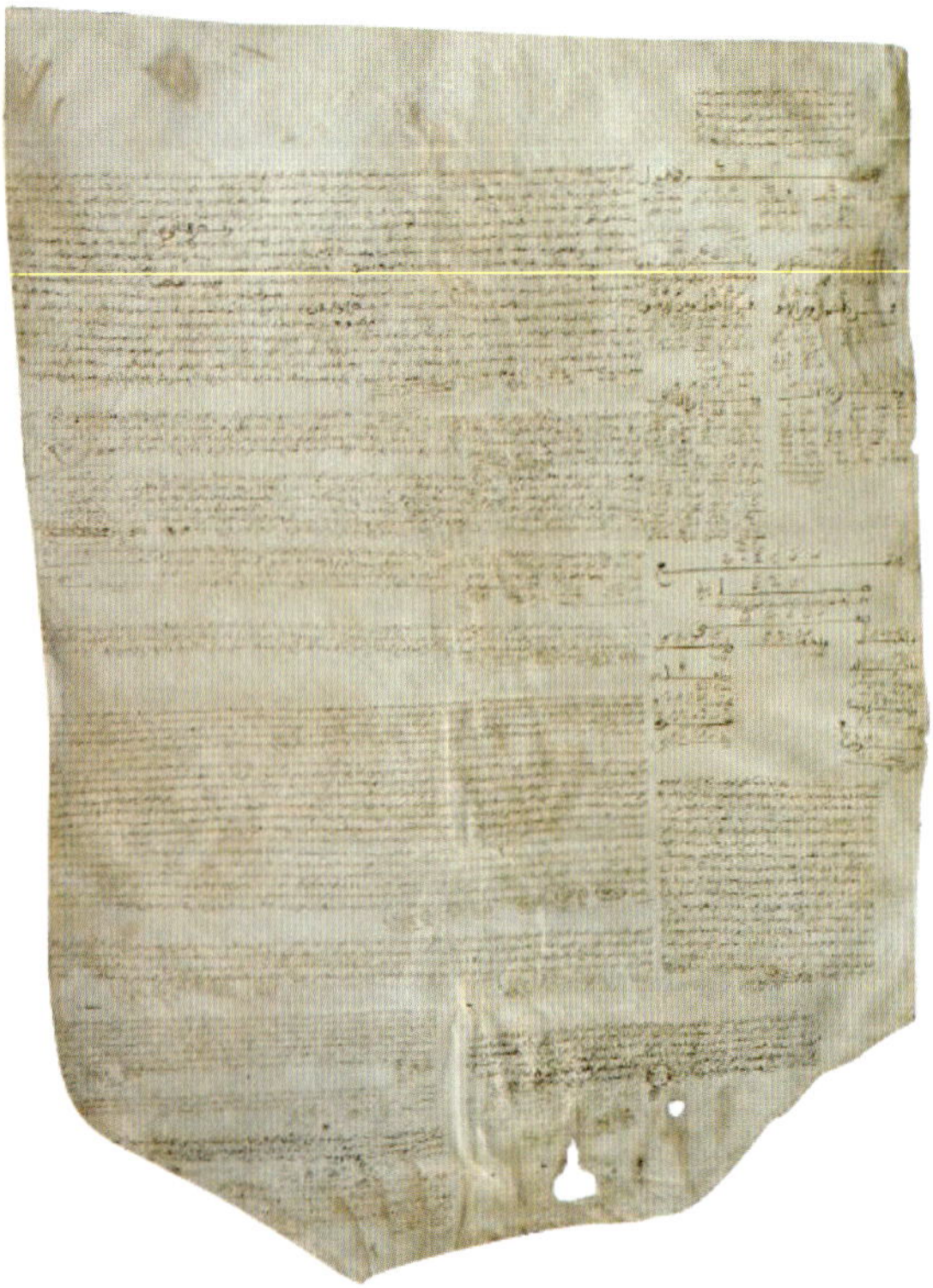

ヴェラム文書

フェス（モロッコ）郊外の農園の相続と売買に関する 1721 年から 1835 年までの 15 の文書が，皮紙に書き記されている。（東洋文庫所蔵）

スレイマニエ図書館の目録カードボックス(イスタンブル，2006 年撮影)

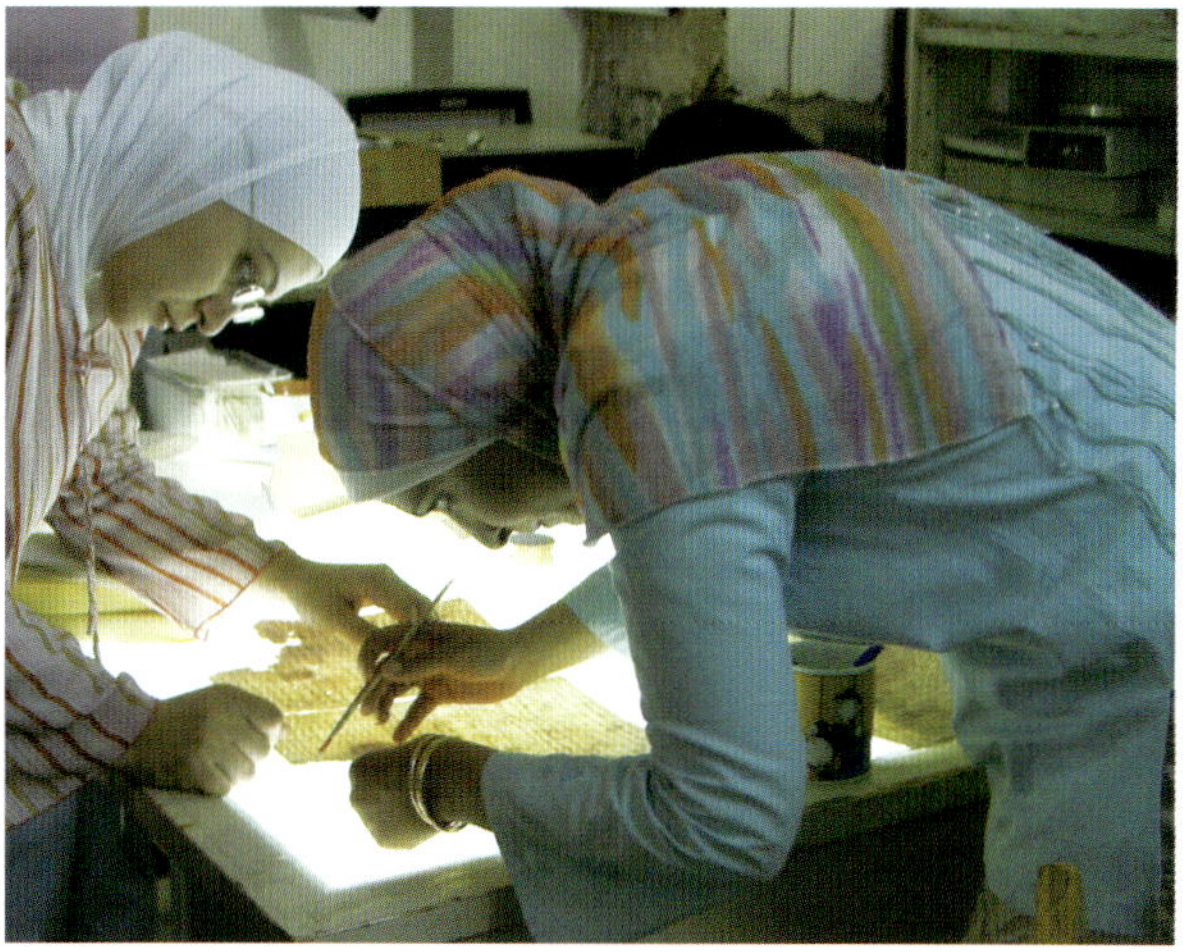

ダマスクス歴史文書館での文書の修復作業

中央アジア契約文書
フェルガナで収集されたもの(ウズベキスタン，2011 年撮影)

書店の店先
書店では写本用の紙作成，書写，製本，販売を一手におこなっていた。右では職人が紙をなめして，左では親方と職人が写本の出来を点検し，棚に完成した写本が並べられている。シーラーズの写本挿絵（細密画）。（16 世紀末）

坂本健一『麻謌末』（1899 年刊行）**の表紙**（北蓮蔵画）
ムハンマドが，右手に剣，左手にクルアーンをもっている図案にもみえるが，手にしているのは坂本の当該書である。

イスラームを知る

3

イスラームを学ぶ

史資料と検索法

Miura Toru

三浦 徹編

イスラームを学ぶ　史資料と探索法　目次

監修：NIHU（人間文化研究機構）プログラム　イスラーム地域研究

遠くて近いイスラーム世界

江戸時代の儒学者新井白石（一六五七〜一七二五）は、『采覧異言《さいらんいげん》』という世界地理の書のなかで、「初め国王謨罕驀徳《マホメッテ》、生まれながらにして聖霊……華に天使と言うがごとし。……其の教え、天に事うるを以て本と為す。即ち天主教法と源を同じうして派を異にする者なり」と記し、マホメット（ムハンマド）は、中国でいう天使、つまり神の言葉を伝える預言者だと説明している。そして天主教法とはキリスト教のことで、イスラームとキリスト教とは同じ一神教であり、派（教義）が違うだけであるという。宗教としてのイスラームの核心をじつに的確に理解していた。白石は、これらの知識を、イタリア人宣教師マテオ・リッチが中国で作成した『坤輿《こんよ》万国全図』の説明などから学んでいたというが、この本が江戸時代に刊行されることはなかった。[1]

幕末の開国から明治にかけて、幕府や政府などがヨーロッパに派遣した使節団や留学生が、その往復の途中でエジプトやアラビア半島に上陸し、見聞を残している。早くも明治九年には『馬哈黙《マホメット》伝』（一八七六年）が刊行されているが、これは、浄土真宗の僧侶島地黙《しまじもく》

1　杉田英明『日本人の中東発見』東京大学出版会，1995，53〜54，73〜78頁。

雷《らい》（一八三八〜一九一一）がヨーロッパで入手したイギリスのプリドー（Humphrey Prideaux, 一六四八〜一七二四）の『マホメットの生涯』(*Life of Mahomet*)を翻訳したものである。

　イスラームについての最初の概説書である瀬川亀『回教』（一九一八年）には、「回教広布略図」と題された図が掲載されている。中東はもとより、西アフリカ・東アフリカ、コーカサス（カフカース）から南ロシア（カザン）、インド、マレー半島、ジャワ・スマトラ、ミンダナオ、中国にいたるまで、ムスリム（イスラーム教徒）が暮らす領域が的確に示されている。イスラームを砂漠の宗教と思い込み、インドネシアが世界最大のムスリム国であることを忘れている今日の日本人よりも、すぐ隣の国に暮らすムスリムの存在をしっかりと認識していた。いっぽんに「イスラーム世界」「イスラーム地域」とよばれるのはこの範囲で、現在ではさらに欧米に一千万をこえるムスリムが暮らしている。

　二十一世紀の今日、日本とイスラーム世界との人、モノ、情報の行き来は日常的なものになっている。日本に住むムスリムは約一二万人と推計され、礼拝の場であるモスクは国内で約六〇を数える（二〇一二年、店田廣文の調査

▲スフィンクス前の記念撮影　1872 年遣仏使節団。

による）。大学のキャンパスでヴェールをかぶったムスリムの女子学生をみかけることはめずらしくない。トルコやエジプトは人気の観光スポットでつねに日本人観光客の姿がある。語学留学でオーストラリアやイギリスなどの大学にでかけると、イスラーム諸国からきたムスリム留学生に出会ったりする。

イスラーム地域について学ぼうとすれば、明治から今日まで、中東・イスラームについて日本語で書かれた五万件の研究文献の目録データベースを使って、オンラインで検索することができる。国内の図書館には、アラビア語、ペルシア語、トルコ語、ウルドゥー語などの現地の言語で記された史資料があり、その数は一〇万点をこえる。インターネット上には、アラビア語、英語、日本語のクルアーン（コーラン）をはじめ、多種多彩な史資料や研究文献が掲載され、新聞・雑誌・映像・音楽などホットな材料をリアルタイムで入手することができる。たとえば、イスラミック・ファッションの各種サイトや二〇一一年のエジプト革命の流行歌「自由の歌」のサイトは、再生数が数十万から百万超におよぶ。

この本は、イスラーム地域の諸事象について知りたい、学びたいという人のために道案内をすることを目的としている。イスラーム地域は決して遠い

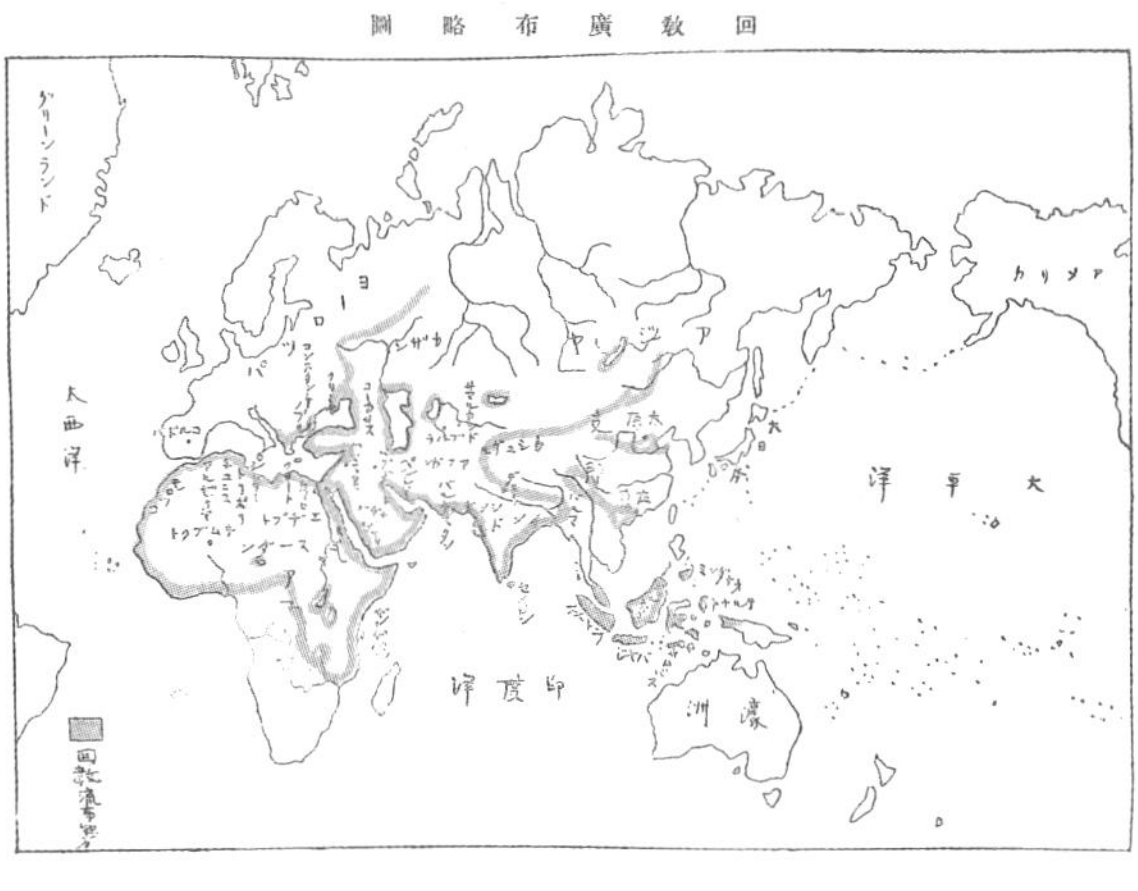

◀回教広布略図
瀬川亀『回教』警醒社書店，1918より。朱線で「回教流布地方」が示される。

別世界ではなく、その人びとや文化について、現地の人びととの声（史資料）にふれ、それを理解していくための材料と手立ては、いま私たちの目の前にある。執筆者の四名は、ＮＩＨＵ（人間文化研究機構）「イスラーム地域研究」プログラム東洋文庫拠点において、史資料の収集と検索システムの構築の仕事にかかわってきた。本書では、史資料の検索や利用の方法を示すとともに、学ぶことの楽しさを伝えていきたい。

▶イスラーム・ファッション関連のサイト　インターネット上でIslamic Fashionの検索をすると，イスラーム諸国や欧米で開催されるファッション・ショーの動画やイスラーム服のオンライン販売やヴェールの着付けなどのサイトがずらりと並ぶ。

第1章　イスラームとの出会い

日本とイスラーム世界の接触

日本人が、中東やイスラームの存在を知ったのは、いつのことだろうか？

七世紀から、中国を経由して中東の文物が到来し、『日本書紀』などの史料には、ペルシアを意味する「波斯」やアラブを意味する「大食」の語が記されている。また、鎌倉時代の一二一七年には、仏僧慶政《けいせい》上人が中国の泉州で三人の「異邦人」に出会い、南蛮文字で経文を書いてもらい、日本に持ち帰った。慶政上人が経文と思ったものは、ペルシア文学の古典『王書《シャーナーメ》』から抜粋した詩であり、彼が出会った異邦人は、当時の国際交易港泉州に出入りしていたペルシア商人と考えられている。[1] 江戸時代、長崎出島《でじま》にはシャム(タイ)からペルシア商人が来航し、一六七二年にはペルシア語との通訳をおこなう「モウル通事」がおかれ、会話単語集が編纂されている。

イスラームは、中国や東南アジアまで到来していたが、日本との直接の接触や交流は幕

[1] 杉田前掲書，25～34頁。

末・明治まで待たなければならない。しかし、戦国時代に来航したポルトガル人がもたらしたトタンやジュッバ（前開きの長衣、着物の襦袢《じゅばん》の語源）はアラビア語起源で、また京都の高台寺には、豊臣秀吉が好んだというイラン製の陣羽織が残されている。日本人が西洋の文化と思ったアルコールやアルカリはアラビア語、キャラヴァンやバザール（市場）はペルシア語、ヨーグルトはトルコ語が起源であった。つまり、日本人は、中東やイスラームの文化を、あるときは中国経由で、あるときはヨーロッパ経由で、それとは知らず受け入れていたのである。イスラーム地域ぬきで世界史を語ることはできず、逆に、イスラーム地域について学ぶことで、世界の諸相が新たな姿でみえてくる。

イスラームを知る

明治初期には、不平等条約改正のため政府がエジプトやトルコに調査団を派遣し、中東と日本との直接の交流が始まった。一八八〇〜八一年にはイランおよびオスマン帝国に使節団が派遣された。一八八九年には、オスマン帝国が日本との条約締結やパン・イスラーム主義の宣伝などを目的と

▶**豊臣秀吉のイラン製陣羽織**　日本中東学会公開講演会のポスター（工藤強勝デザイン）。

して軍艦エルトゥールル号を派遣した。

さきに述べた『馬哈黙《マホメット》伝』（一八七六年）は、木版による和装本である。その序文によれば、島地黙雷《しまじもくらい》[2]が、一八七二年に岩倉遣欧使節団に同行し「諸教ノ概略ヲ遍ク伺察セン為メニ海外ニ航遊」したときに原書を購入し、岩倉使節団の書記官であった林董《はやしただす》に訳出を依頼したものである。島地は、同年、不平等条約改正に関連し、福地源一郎（桜痴《おうち》）とともに、混合裁判所制度の調査のためオスマン帝国とエジプトを訪れている。彼はイスラームを現地で目のあたりにし、その始祖ムハンマドの「偉業其規模之大且速」に驚き、日本に紹介しようとしたわけだが、原書は皮肉にも、ムハンマドを好色な野心家、ペテン師として描いたヨーロッパ・キリスト教世界の偏見に満ちた書であった。訳者である林や出版者はこれに気づき、「本伝ハ耶蘇宗ノ僧正タル人ノ手ニ成リシヲ以テ言稍〻憎愛ニ渉リ公平ヲ失スルガ如キ者アルヲ免ガレズ」と述べ、これを是正するため、林は他のヨーロッパ語文献からイスラームやムハンマドについての論評を付録として補っている。また、この前年には、『アラビアン・ナイト』（千夜一夜物語）の英語版からの翻訳が、西欧書の翻訳家として知られる永峰秀樹《ながみねひでき》（一八四八〜一九二七）によって『開巻驚異　暴夜《あらびや》物語』（一八七五年）という題名で、挿絵入りで刊行されている。

2 その生涯については，山口輝臣『島地黙雷』山川出版社，2013，村上護『島地黙雷伝』ミネルヴァ書房，2011 を参照。

Column #01

洋行した仏教僧がみたイスラーム

日本初の『馬哈黙伝《マホメット》』の英語原本を持ち帰った僧侶島地黙雷《しまじもくらい》とはどのような人物であったのか？　黙雷は、一八三八年長州藩の山村の寺に生まれ、大政奉還とともに京にのぼり、真宗本願寺の改革に関与した。当時の廃仏毀釈《きしゃく》の嵐のなかで、仏教は衰退の危機にあり、上京し、長州閥の木戸孝允《たかよし》や伊藤博文らと接触した。彼の関心は、西洋文明と結びついているキリスト教に対抗し、神道と一線を画し、仏教を立て直すことにあった。

黙雷は一八七二年一月、本願寺僧侶四名とともに船で横浜をたち、パリで岩倉使節団と合流した。ヨーロッパを歴訪し、ヨーロッパ文明を目のあたりにしながら、キリスト教について講義を受け、英書を購入した。さらに、トルコ、パレスティナを経由し、エジプトに赴き、帰路インドを訪れた。この洋行の経験から、仏教を政治社会から独立した「宗教」として確立するための制度や教学の確立に尽力する。一八七二年七月に帰国するまでの詳細な旅行日記『航西日策』には、はじめてみた中東を記している。

コンスタンチン（イスタンブル）では、「人民猥雑。人家多くして猥醜極まる」としながらも、「〔本邦と〕只裸体無きを異とす。是に於て欧人の土耳其《トルコ》に対当〔対等〕の礼をなせるの理なるを知れり」と述べ、日本とトルコを、ヨーロッパ文明を尺度にはかっている。スレイマニエ・モスクでは、「僧侶多分にして習読するあり、黙解するあり。更に二三十人相会して研究討論す」とウラマーの学習を目撃している。エルサレムではイエスが葬られた聖墳墓教会、岩のドームとアクサー・モスクを訪れ、嘆きの壁ではユダヤ教徒の「哭泣誦読」するさまをみた。該羅（カイロ）につくと「夜景万灯、頗る欧洲を再見するが如し」と感激し、マッカ（メッカ）巡礼団の帰着を祝う祭りを描写する。

> 金鼓を打って呪文を急称す、其の様題目を称ふる徒に同じ。
> 且頭を左右に振って身魂の恍惚ならんことを期するが如し。
> 舞踊は六斎念仏の如し、鼓鳴は称題家の如しと。
> 座禅の一種、光明遍照を唱ふる如きあり。

クルアーン（コーラン）の読誦を、浄土宗や真宗の題目（南無阿弥陀仏）の読誦に、舞踊を日蓮宗の「南無妙法蓮華経」の唱和になぞらえている。座禅とは、「アッラーフ・アクバル」と唱えながら首を左右にふるズィクルのことであろうか。カイロではクルアーンも購入している。他方、『馬哈黙伝《マホメット》』の黙雷の序の結語では、「天神」はムハンマドによいこともさせたが、「兇姦暴戻の迹」をも残したのかと述べ、天神（唯一神）にもイスラームにも疑問を呈している。

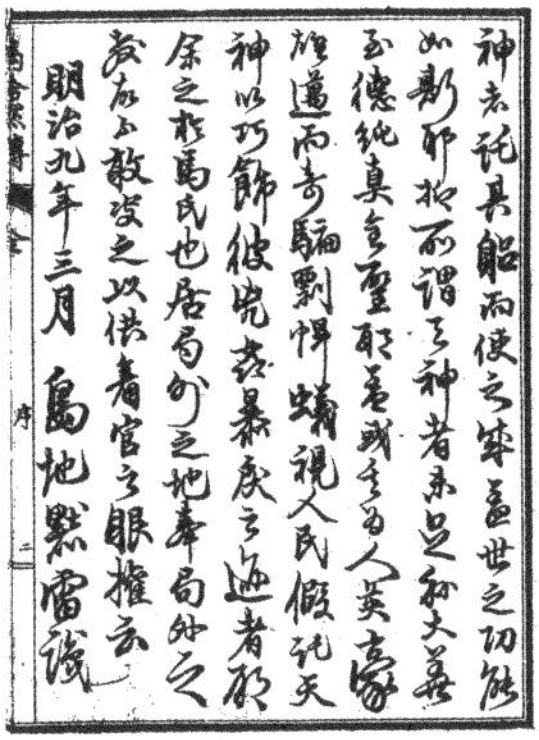
明治九年三月　島地黙雷識

◀『馬哈黙伝』(1876年)の島地黙雷の序　日本式の変体漢文でつづられている。

イスラームの教義や歴史について、体系的な学びがなされるのは、明治末から大正時代にかけてである。忽滑谷《ぬかりや》快天（一八六七〜一九三四、曹洞宗僧侶）の『怪傑マホメット』（一九〇五年）、瀬川亀『回教』（一九一八年）、坂本健一（蠡舟《れいしゅう》、一九三〇没）の『麻謌末《ムハメット》』（一八九九年）、『コーラン教』（一九二〇年）、『ムハメッド伝』（一九二三年）などがあいついで刊行された。『麻謌末《ムハメット》』は、世界歴史譚という英雄・偉人伝のシリーズの一書である（口絵参照）。漢文の講談調で、「市人《いちびと》」ムハンマドが天神の啓示を受けてから、正統カリフの時代までが語られ、「預言者か、神仙か、聖哲か、将是稀世の英雄か、偉なる哉、麻謌末《ムハメット》」と結ばれている。のちに洋画家として名を馳せる若き北蓮蔵（一八七六〜一九四九）がムハンマドなどの挿絵九点を描いているのも草創の時代ゆえのことといえるだろう。

『コーラン教』は、クルアーン全一一四章の全訳で、上下二巻八四四頁におよぶ大冊で、日本最初の全訳である。日本語訳にあたっては、アラビア語原本を座右におきながらも、主としてセール（一七三四年）、ロドエル（一八七六年）、パルマー（一八八〇年）の英語訳（カッコ内数字は初版の刊行年）を参照したという。[3]これらは、当時までに刊行されていたクルアーン訳の定番である。

▲坂本健一『麻謌末』（博文館，1899）**の挿絵**（北蓮蔵画）　左は当初ムハンマドに敵対していたウマル（のちの第２代カリフ）が，妹の家でクルアーンを読み，「感益深く忽然頓悟し」，信者となったという場面。右はバドルの戦い（624年３月）の決闘。マッカ軍900余とムハンマド軍300余が対決，ムハンマド軍が勝利し，「四方経略の旗風に吹き靡けたるサラセン帝国の第一勝利」となった。

付録として、各章の要約、注解、ムハンマドおよびクルアーンについての解説がつけられ、解説ではタバリー(八三九〜九二三)からスユーティー(一四四五〜一五〇五)までの主要なアラビア語のクルアーン注釈書についても言及されている。

同じ坂本の筆による『ムハメッド伝』は、「世界文庫」とよばれる一般向けの叢書とはいえ、二十四年前の『麻謌末《ムハメット》』から格段の進展がみられる。第一章では、ヨーロッパにおけるムハンマドの研究と、日本への影響をつぎのように批判的に総括している。

亜細亜の西南隅に起こりしイスラムの教法は大陸の東端を極めたが、終に一葦帯水を渡って吾邦に入らなんだ。それに就きて邦人の知る所は直にアラビアよりせずに、却って欧洲文献の伝来に負ふのである。然るにムハメッドとそのイスラムとに就きて欧人の無智は実に久しかった。……ムハメッドは一英雄でなければ一偽瞞者其孰《いずれ》かで、或は非難の或は弁護の言論が出た、従ってかかる言論からは、ムハメッドに対する多くの評言は得られるものの、ムハメッドに就いての知識を得ることは比較的に少ない。

〔四、九頁〕

では日本人はいかにしてイスラームを学ぶべきなのか。

イスラムの教は殆どわが教界に存せずとするも、耳目を一び環海の外に放てば驚目駭心の値がある。……西に北に支那を見よ露西亜を見よ、而して南方洋上の土地民衆を

3 セール(George Sale, 1697〜1736), ロドエル(John Rodwell, 1808〜1900), パルマー(Edward Palmar, 1840〜82)。

顧みよ、孰にかムハメッドを聞きイスラムを見ぬ方面があらうぞ。試に宗教の分布を輿地図上に照らさば、南海洋よりするも北鉄路に由るも、基督教民族の本拠たる西欧との間には膨大なるイスラム教の大地域を隔つる一大事実が現存する。……汎《パン》イスラムの声は到底大亜細亜民族の解決に除外し得ず、……阿非利加《アフリカ》に於けるその勢力の宣伝は基督教をして後の瞠着たらしめるものがある。〔一〇〜一一頁〕

中国やロシア、さらに東南アジアの間近からイスラーム世界をながめ、その動勢をみごとに把握していた。それは朝鮮半島から中国東北へと進出を始めた日本の時勢とかかわっていたのである。

かかる現実の前には、わが国民はムハメッドとそのイスラムとに対する知識を強要されざるを得ぬ。新たにして乏しき知識はまた実に必要な知識である。……千年にして得ざりし所を今や一朝に収得す可き知識である。歴史文学として、宗教として、而して現実の政治問題としても。〔一一頁〕

著者坂本健一は、若くしてムハンマドの略伝を著し、以来二十数年読書(研究)をかさねるうちにますます「疑惑と知識とを並び生じた」と述べる。西欧の文献に拠りつつもその毀誉褒貶《きよほうへん》のはなはだしさを批判し、「イスラムを以てこそムハメッドを批判すべきであらう」と述べ、『ムハメッド伝』においては事績の過程の記述に専心する。アラビア語を自学し、クルアーンを訳注した著者は、「マホメット」ではなく「ムハメッド」、「回教」ではなく「イスラム」というアラビア語原語に近い表記をいち早く使用し、そこにはいまこそ日本人はじかにイスラームを学ぶべきであり、それによって西欧のイスラーム研究に追いつき追いこすべきであるという思いがあったのであろう。坂本は近いうちにイスラームそのものについての書を公刊することを予告するが、それは実現しなかった。

　坂本の経歴の詳細はわかっていないが、(東京)帝国大学の史学出身で一八九八年の卒業であるから、翌年に処女作『麻謌末《ムハメット》』を著したことになる。博文館から刊行された『世界史』(二巻、一九一一、一二年)、『世界史年表』(一九一〇年)、『世界近世史』(一九一四年)をはじめ、国民向けの歴史概説書を多数著し、常勤の職にはついていなかったが、早稲田大学で教鞭《きょうべん》をとった。『世界史』の緒言では「従来世界史若しくは万国史と称するもの、大抵地域を泰西に限り、……欧米以外の地は国に非ざるの観あり。……近時我邦泰西の史に対して東洋史を立て……東西洋史を連貫す可きの説あり。要するに現下の形勢趨向に徴して乾輿《こんよ》(地球)は一世界として……東西相通混融す可きの宿命を免れず」〔一頁〕と述べ、百年前にして、今日にいうグローバル化の形勢を感じとり、西欧国家中心の歴史ではなく、東西があいつうじまじわる世界史を探究していた。イスラームの専門研究者ではなかったが、のちに前嶋信次は坂本の『ムハメッド伝』を「あれはいいですね」と称賛している。[4]

4 座談会「日本におけるイスラム学のあゆみ」『イスラム世界』2号，1964，69頁。

はじめてのイスラーム概説

日本語での最初のイスラームの概説書は、一九一八年に刊行された瀬川亀『回教』である。同書の序によれば、南洋協会理事井上雅二（一八七七〜一九四七）の勧めで、後輩の瀬川が四年をかけて「回教の研究」をなし、南洋協会から出版したものである。井上は、二十歳前後のとき中国で「回教と回民に関し一種の親しみを覚へ」、一九〇五年から韓国政府財政顧問本部財務官を務めたのち、一九一〇〜一一年にアメリカ、ヨーロッパ、アフリカ、アジアの四大陸を周遊し、バルカン、トルコ、北アフリカ、エジプト、インド、マレー半島などでイスラームと多数のムスリムに接する機会を得た。トルコでは、おりしも青年トルコ（統一と進歩委員会）革命の運動に接し、ミドハト憲法の復活を「コーランの近世化・近世的解釈」とよび、中国の康有為《こうゆうい》の変法自強運動になぞらえている。また、サラエヴォでは、ボスニア・ヘルツェゴヴィナ両州議会議長に面会し、「東京には我回教徒に依りアラブ語と英語とにて発刊せらる、イスラムの機関雑誌ありと云ふは真乎」と質問され、「埃及《エジプト》人ファドリーなる者の発刊する所ならん」[5]と返答した。遠くサラエヴォまでこのようなニュースが届いていたことも驚きであるが、日露戦争後の日本への関心の高まりをうかがわせる。

井上は、帰国後「事を南洋に興し躬《みずか》ら回教圏の人となり多数の回民と交渉あるに到り、

5 アフマド・ファドリー。エジプトの軍人で，日露戦争以後，日本に関心をもち，日本語を学び，1908年頃来日。日本人と結婚し，のち帰国。『日本精神』(桜井忠温『肉弾』のアラビア語訳，カイロ，1909)，『日本発展の秘密』(カイロ，1911，アラビア語)を著した。鈴木登「非業の人アハマドファドリー大尉伝」『季刊アラブ』63〜75号，1992〜95参照。

趣味の科目は進んで必要の科目となった」という。井上は韓国財務官時代には、『韓国経営資料――埃及《エジプト》に於ける英国』（一九〇五年）を編訳しており、この旅行においても、イギリスのエジプト統治やフランスのアルジェリアやチュニジアの統治と、それに対する当該国民の好悪両面の感情を強い関心をもって叙述している。日本の満州や南洋の植民地政策にかかわってのことであった。

瀬川は、井上の「書架から回教に関する書籍を抽いて耽読し」、一〇〇〇ページをこすノートを作成し、それをもとに『回教』を著した。開教篇、教義篇、教団篇の三部構成からなり、概説とはいえはじめて教義を体系的に説明し、教団篇ではイスラームの拡大の歴史を東アフリカ、インド、東南アジアまで叙述し、カシュガルや中部アフリカでの婦女子教育の隆盛、ワッハーブ運動やパン・イスラーム主義、あるいは東南アジアの「回教団結」（サレカット・イスラム）といったイスラーム地域各地の現下の運動にも強い関心が示されている。

日本人のムスリム

一八九一年、和歌山県沖で沈没したオスマン帝国軍艦エルトゥールル号の生存者と義捐《ぎえん》金《きん》をイスタンブルに送り届ける使節団に随行した山田寅次郎（一八六六〜一九五七）は、イスタンブルに二年間滞在し、日本人として最初のムスリムになった。同じ頃、貿易会社社員有賀文八郎（一八六八〜一九四六）がインドのボンベイで入信したという。一九〇九年には、ロシア帝政下のタタール人ムスリム、アブデュルレシト・イブラヒム（一八五七〜一九四四）が、彼らの民族運動への日本の支援を求めて来日し、伊藤博文、大隈重信らの重鎮やアジア主義者たちと面識をもった。同年、日本でのモスク建設の許可をカリフ（オスマン帝国スルタン）から得るために彼とともに旅立った山岡光太郎（一八八〇〜一九五九）は、途中イスラームに改宗し、日本人としてはじめてマッカに巡礼した。イブラヒムは、さきのエジプト人ファドリーとも親交をもち、彼の日本滞在記には、一九〇九年三月に早稲田大学でファドリーが二〇〇〇人の聴衆を前にイスラームについて英語で講演し、万雷の拍手をあびたと記されている。[6]

現地語史資料による研究の開始

明治末から大正時代にかけて、イスラーム世界を学ぶ必要を認識した人びとは、ヨーロッパ諸語の研究書を読み、日本語で概説書を著した。そこでは、ヨーロッパでのイスラーム理解の偏りも自覚されていたが、アラビア語などの現地語の史資料を用いた研究があらわれるのは昭和になってからである。

6 アブデュルレシト・イブラヒム（小松香織・小松久男訳）『ジャポンヤ』岩波書店, 2013, 203頁。

一九三〇年代には、イスラーム地域を専門とする研究機関があいついで設立され、機関誌が刊行され、一気に活発化する。一九三〇～四五年には、年平均一一四点の研究文献が刊行されており、この水準まで回復するのは一九六〇年代になってからである。戦中から戦後にかけて、現地語史資料によるイスラーム研究の口火を切った大久保幸次（一八八七～一九五〇）、小林元（一九〇四～六二）、蒲生礼一《がもうれいいち》（一九〇一～七七）、前嶋信次（一九〇三～八三）、井筒俊彦（一九一四～九三）らは、これらの研究機関で学んでいた。一九三七年、フランス留学中の中国史家宮崎市定《いちさだ》（一九〇一～九五）が、トルコ、シリア、イラク、エジプトを鉄道と乗合自動車で踏破し、その旅行記『菩薩蛮記《むするまんき》』（一九四四年）を刊行し、西アジア史を展望し期待を述べたのもこの時期である。[7]

一九三八年に、回教圏攷究《こうきゅう》所（のち研究所と改称）による月刊『回教圏』と外務省調査部による季刊『回教事情』が、翌年には大日本回教協会によって月刊『回教世界』が創刊された。回教圏研究所は、所長大久保幸次（駒澤大学教授、トルコ研究）、研究部長小林元（同、アラブ史）、資料部長松田寿男（同、中央アジア史）らが設立した民間の調査研究機関で、大陸経営に関心をもつ善隣協会の財政支援を受けていた。大久保は、自らトルコ語の原典をもとに研究をおこなってきたが、研究所の方向は「ヨーロッパ人を経由しないで直接イスラムの研究を進めて行きたい」というもので（所員野原四郎の回顧[8]）、アラビア語、トルコ語、

7 『西アジア遊記』（中公文庫，1986）として再刊。宮崎は，京都大学教授桑原隲蔵《じつぞう》からアラビア研究を勧められたという。中国史の泰斗として知られるが，地中海域と長江域の歴史地理環境の類似性や世界史の時代区分などにおいて，西アジアとの比較の視点を示した（『東洋的近世』中公文庫，1996，『東洋における素朴主義の民族と文明主義の社会』平凡社東洋文庫，1989 参照）。

8 野原四郎「回教圏研究所の思い出」『アジアの歴史と思想』弘文堂，1966，226 頁。

ペルシア語の講習会を開催した。研究所には、欧米諸語やトルコ語などの文献が収集されていたが、戦災によって失われた。他方、大日本回教協会は、元首相・陸軍大臣林銑十郎《せんじゅうろう》を初代会長とし、戦時下の情宣活動の色彩を濃くもっていた。

大日本回教協会と外務省調査部にかかわった内藤智秀《ちしゅう》（一八八六〜一九八四）は、在トルコ大使館に勤務した経験をもち、トルコ研究を専門とした。『西アジア民族史』（一九四三年刊）などの通史を著し、研究の出発点と到達点は「自己を知る」ことであり、それは「他との比較によって始めて到達される」との展望を示した。

満鉄調査部東亜経済調査局は、一九二九年に財団法人として独立し、大川周明《しゅうめい》（一八八六〜一九五七）が理事長を務め、前嶋信次が研究員として入所し、井筒俊彦もここの図書室でアラビア語図書整理のアルバイトをしていたという。調査局にはヨーロッパから購入した研究書があったが、戦後、占領軍（アメリカ合衆国）に接収されたという。また一九三八年には附属研究所（大川塾）を設立し、インドネシア、インド、イラン、アフガニスタン、アラブ諸国、トルコなどに塾生を派遣した。[9] 大川は、アジア主義者、超国家主義者として知られ、五・一五事件に連座して逮捕され、A級戦犯として訴追された。東京大学在学中から、イスラームに関心をいだき、アラビア語を自習し、『回教概論』（一九四二年）、クルアーンの日本語訳『古蘭』（一

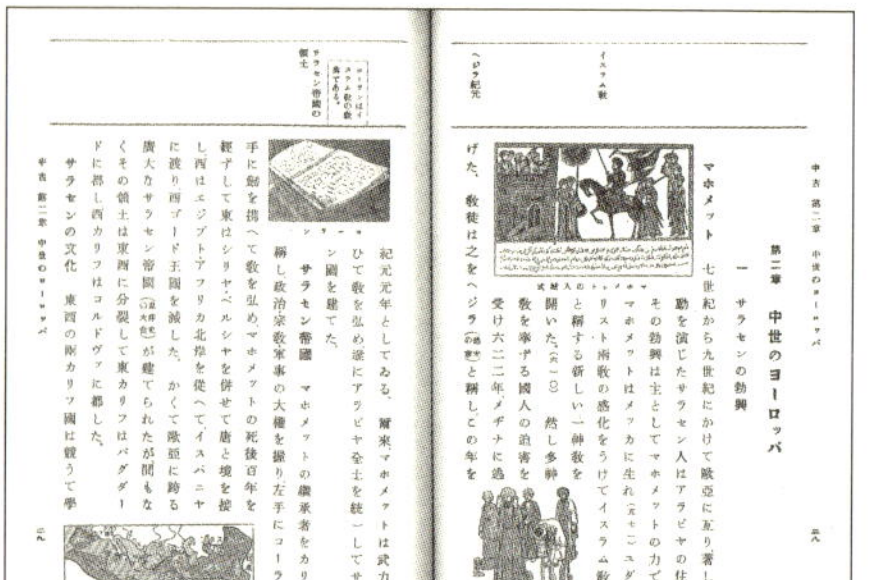

▶**内藤智秀が執筆した高等女学校用教科書『新正女子外国歴史』**（三訂版, 1939）　イスラームについては，西洋史の部で言及されるだけであるが，世界の通商や文化にはたした役割も述べられる。内藤は，当時東京女子高等師範学校教授の職にあり，『史学概説』（1935）を著した。

九五〇年)を刊行した。晩年には、キリストと阿弥陀如来とムハンマドをいずれも絶対者の「方便法身」(顕現)として等しいとの心境にいたった。[10]

明治から第二次世界大戦終了までの日本の中東・イスラーム研究には、(1)明治初期、(2)日露戦争後、(3)一九三〇年代の三つのエポック(画期)がある。(1)は不平等条約の改正問題をきっかけとし日本が中東に対し、同じ東洋の被圧民族としての共感をもって接近した時期であり、(2)は日露戦争の勝利によって、西洋列強と同じ植民地統治の観点から中東諸国と韓国とを同一視した。(3)では、「大東亜共栄圏」の構想のもとで、ふたたび西洋(白人種)に対する東洋の立場にたち、満州・中国・南洋のムスリム問題に関心をもった。すなわち、日本の中東・イスラーム世界に対する関心は、中東と日本のアクチュアルな問題から発していた。しかし時々の日本のおかれた状況によって、その立ち位置は、東洋から西洋へ、西洋から東洋へと変身し、敗戦によって、研究機関もその蔵書も雲散霧消する結果となった。[11]他方で、ヨーロッパ諸語や現地語による基本文献や史資料を海外から手にいれ、それを読み、メモをとり、翻訳し、考えるという個々人の主体的な関心と努力によって、急速に知識を蓄えていくことができたのである。回教圏研究所の「日本人独自のイスラム学」をつくっていくには「現地の言語を学んで、原典から出発して研究して行かなければならぬ」という気風(前掲野原四郎の回想)は、戦後の中東・イスラーム研究の土台となり、今

9 ニーズ対応型地域研究ウェブサイト「大川周明とイスラーム」一橋大学参照。
10 臼杵陽『大川周明――イスラームと天皇のはざまで』青土社, 2010。
11 三浦徹『イスラーム世界の歴史的展開』放送大学教育振興会, 2011, 第1章参照。

日まで受け継がれていくのである。

学びの場

ここで一足飛びに、日本の中東・イスラーム研究と教育の現状を概観しよう。

まず中学・高校で、中東やイスラーム世界をあつかうのは、中学の社会（地理的分野、歴史的分野）、高校では、世界史、地理、倫理といった科目である。なかでも、世界史の比重がもっとも高く、中東（西アジア）についていえば、古代（エジプト文明やメソポタミア文明など）から現代のパレスティナ問題やイラク戦争まであつかわれ、教科書全体の八〜一二％程度を占める。決して中東の比重は低いものではなく、欧米の歴史を中心とする英独仏の教科書より格段に厚い記述がなされている。内容面では、七世紀から十五世紀まで、中東から中央アジア・南アジア・東南アジア・アフリカへと拡大するイスラーム世界の発展が記述されているのに対し、近現代（十九世紀以降）はもっぱら、西欧化や植民地化やこれに対する民族運動が主要な国ごとに記述される。このため、中東・イスラーム世界は、中近世には繁栄したが、近現代には衰退した、というイメージがつくられることになる。

大学教育の場では、基本的に学問分野（ディシプリン）にそって、学部や学科が設置され、これが教育や研究の単位になっている。文系でいえば、法学部、経済学部、文学部といった組織が明治時代以来の基本形で、近年は、「国際」や「総合」といった呼称をもつ学際的な学部や学科もふえている。「地域研究」(エリア・スタディ)もこのような新しい学際領域のひとつで、特定の地域の総合的な理解を目的としている。では、中東・イスラーム地域のことを勉強したいと思ったとき、どの学部・学科の、どのような教員のもとで学べばいいのだろうか。

これについては、日本中東学会がおこなった「中東の教育・研究についての調査」(二〇〇五年)[12]が参考になる。学部(学士課程)教育では、中東を専門分野とする教員のいる学科・コースは八七である。このうち、学科・コース全体が中東にかかわるものは九(たとえばアラビア語、イスラーム学など)である。第二のタイプは、学科やコースじたいは中東に特化していないが専門教育のカリキュラムをもつもの(専門科目を開講し卒業論文を中東やイスラームをテーマに研究できる)が三九を数える。残りの三九は、学科・コースのなかに中東を専門とする教員がいて概説的な授業をおこなっているが、これを専門に学ぶ学生はもたないという場合である。大学院については、第一のタイプが博士前期課程六(博士後期二)、第二のタイプが博士前期課程三四(博士後期二九)となる。教員数は、半数以上の機関は一名のみで、中東・イスラームを専門とする教員が複数名いる機関は二九にすぎない。

中東・イスラームを学べる学科・コースも確実にふえているが、教員・研究者は、大学

12 三浦徹 "The State of Training and Research in Middle Eastern Studies in Japan", *Asian Research Trends New Series*, 6, 2011.

のさまざまな学科・コースにいわば点在し、中東地域を専門とする独立の研究機関もできていない。しかし、一九六〇年代後半から、日本の中東・イスラーム研究は、このような分散した状況を逆手にとり、「イスラム化」「都市性」といったキーワードを掲げ、地域や分野を横断した研究プログラムを実施し、研究と教育のネットワークをつくってきた。大学や機関を横断した研究プログラムは、海外にはない日本の中東・イスラーム研究の特色となっている。

中東研究を志す人びとは確実に増加していて、たとえば日本中東学会が一九八五年に設立されたときの会員数は三五〇であったが、二〇〇五年には七〇〇に倍増している(このほか、日本オリエント学会に七〇〇名、日本イスラム協会に四〇〇名の会員がおり、前者ではイスラーム以前の中東を研究する会員も多い)。年齢構成でみると、二〇〇五年には三十〜三十四歳、三十五〜四十歳の世代がそれぞれ一五%を占め、最大比率であった。若い世代がこの分野に飛び込んでいることがわかる。女性の比率が高く、二〇〇二〜〇三年に二八%、〇五年に三二%、一一年には三八%(四十〜四十四歳では五四%)とふえつづけている。イスラームというと女性がはいりにくい分野と思われがちであるが、研究は開かれていることがわかる。

学問分野ではどうなのだろうか。学部教育では、歴史(四一機関、四八%)、地域研究(三一機関、三六％）、国際関係（二〇機関、二四％）、宗教（一八機関、二二％）、言語・文学（一五機関、一八％）の順となる。中東・イスラームというと、現代政治や宗教をイメージしがちであるが、学問分野としては歴史（近現代史を含む）が最大である。日本中東学会会員の調査でも、会員の研究分野としては、歴史（三三％）、地域研究（一四％）、国際関係（九％）、文化人類学（八％）の順となる（二〇一一年）。会員数では世界最大の北米中東学会（約二〇〇〇名）の場合も同様で、歴史研究者が三分の一を占める。地域研究の学会で、歴史学が最大多数というのは奇異に思えるかもしれないが、歴史研究では、現地の人が現地の言語で記した史資料をもとに研究する。地域のあり方を内側から理解するというアプローチが地域研究の目的と重なり合うのである。研究対象としている地域についてみると、アラブ地域（二四％）、中東全域（二〇％）、イスラーム世界（一四％）、トルコ地域（九％）、イラン地域（八％）、中央アジア（三％）という構成になる。国別にみると、エジプト（一八％）、イラン（一三％）、トルコ（一〇％、ほかにオスマン帝国六％）、イスラエル（六％）、シリア（六％）、パレスティナ（五％）を主対象とする研究者が多い。

地域研究とは何か

「地域研究」という学問領域が登場した背景には、第二次世界大戦前後から、国際秩序をリードする立場にたったアメリカ合衆国が、敵国や未知の国や地域を総合的に研究しようとしたことがある。その先鞭となったのが、戦時中の日本研究であり、アメリカ人の立場からすれば理解しがたい日本人の精神や社会が研究対象となった。中東は、パレスティナ問題と石油資源の問題から、合衆国にとって必須の研究対象である。他方で、ヨーロッパでは、十八世紀以来、アジアやアフリカは、言語であれ宗教であれ歴史であれ「東洋学」(オリエント学)という領域であつかわれてきた。東洋学のなかで、さらに東アジア、南アジア、西アジア(中東)、アフリカという区分があり、日本研究もまた東洋学の一部である。そこでは人文学が主体であり、まずもって当該地域の言語を学ぶことが重んじられていた。この東洋学もまた、特定の地域を対象とする総合的研究という意味では、地域研究のひとつとみることができる。

ヨーロッパの東洋学と合衆国の地域研究の接点として興味深いのは、オクスフォード大学の教授からハーヴァード大学の中東研究センターの創設のために転進したハミルトン・ギブが一九六三年におこなった「地域研究再考」と題する講演である。[13] ここでギブは、「東洋学と社会科学との結婚」という言葉を用い、東洋学のファーストハンドの知識(とくに言語能力)をもち、同時に社会科学の方法的知識の双方を身につけた研究者兼実践家を養成することを提言している。ここでいう東洋学は人文学をさしているが、人文学と社会

[13] Hamilton R. A. Gibb, *Area Studies Reconsidered,* London, 1963.『みすず』8/3〜4, 1966に林武による訳と解説が掲載されている。

科学にはどのような違いがあるのだろうか。

ここでギブは、イスラーム史を、できごとの編年誌にすぎず、社会の「輻輳性《ふくそう》」に注意をはらってこなかったと批判し、これを、人間の物質的環境（食料、住居、衛生、人口）や情緒的・精神的装備や基礎的紐帯《ちゅうたい》（家族、農村や都市の集団など）といった目配りをもつフランス史研究（アナール学派）と対比している。つまり、歴史研究者はしばしば原語の史料を読み、できごとを時系列に配列することで、ある地域の事象Bの原因が、先行する事象Aであるかのように説く。しかし、社会科学からみれば、同様の事象Bがあっても事象Aが起こっていない別の地域があるとすれば、AがBの原因とは言い切れないのである。

いっぽんに人文学は個の固有性を出発点とし、社会科学は社会に共通する普遍性を追究する。それゆえ人文学者は、個々人の事績、個々の地域の言語にこだわり、社会科学者は個々の人間や地域をこえた共通の構造（システム）を前提とし、分析をおこなう。両者は、さまざまな人間社会の共通性（普遍性）と固有性の双方を明らかにするという同じゴールをめざしているのであるが、出発点や力点が異なっているのである。実際に地域研究の場でみられる対立は、人文学者は社会科学の研究に対して、地域の歴史文化を無視して、西欧型のモデルを押しつけると批判し、社会科学者は人文学の研究に対して、個別の事例の提示にすぎず、理論的・科学的ではないと批判する。

エドワード・サイード[14]は、欧米の東洋学は、東洋と西洋を対照的・対立的な世界とみなす思考様式（二分法）を前提とし、このような知のあり方（オリエンタリズム）が西洋の東洋に対する政治支配を支えたと厳しく批判した。他方で彼は、社会科学者の中東研究を評価する。その理由は、東洋学（人文学）が、東・西の人間を本質的に異なるとみるのに対し、社会科学は人間という普遍性から出発するからであろう。

イスラーム地域研究

この問題をイスラーム地域の研究の場で考えてみると、人文学はイスラームという要因から事象を説明しようとし、社会科学は国際政治や社会経済といった要因を重くみる。筆者は、両者を接合するイスラーム地域の研究方法として、図のような地域間の比較研究を提唱している。ここでは、イスラームを要素（ファクター）と考え、イスラームを要素としてもたない地域とも比較することによって、ある現象がイスラーム地域固有のものであるか、あるいはそれがイスラームに起因すると考えられるかを検証することができる。たとえば、中庭式住宅は、アラブ地域の都市に典型的にみられ、その範囲では、イスラームの女性隔離の原則と中東の高温乾燥気候に原因を求めることができる。しかし、中国や韓国にもみられることからすれば、儒教を含む女性隔離

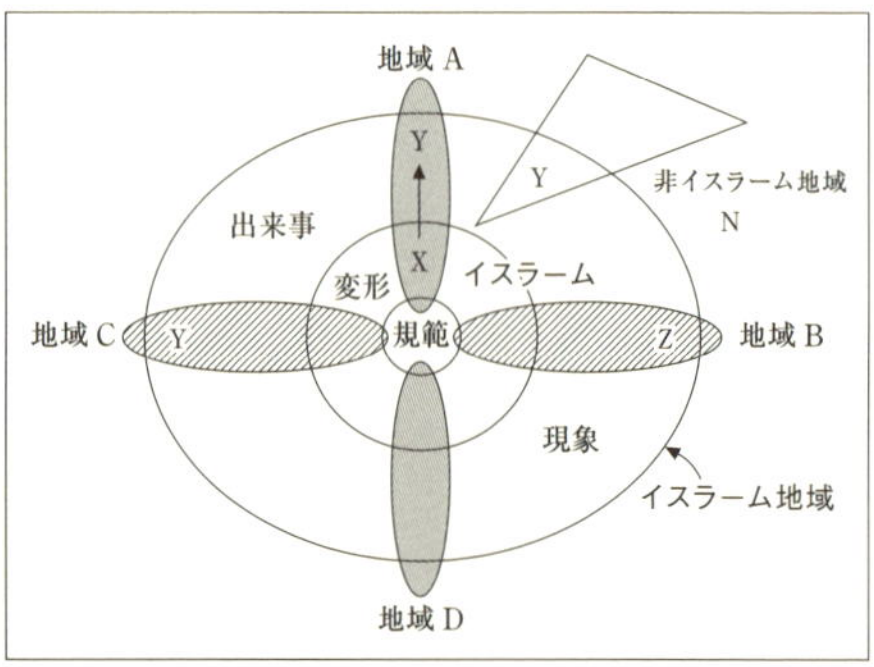

▶**比較史上のイスラームと地域**　筆者作成（三浦徹ほか編『比較史のアジア』東京大学出版会, 2004, 6頁）

の原理が浮上する。さらに、ヨーロッパや日本(京都の町家)にまで視野を広げれば、都市における空間の効率的利用、あるいは住居のもつ閉鎖性と開放性(換気・採光)というより高次の原理から説明することもできる。ここで「比較」をするときに注意しておきたいことは、たんに共通性や違い(相違点)の発見ではなく、なぜそのような共通性や違いが生じるのかという分析をおこなうことである。そして、ひとつの事象を、地域に閉じこめず、自然環境や技術を含め、多角的に考察していく必要がある。

羽田正は、「イスラーム世界」という呼称や概念が、そのような地理的範囲が七世紀から今日まで連綿と続いているという錯覚であると批判し、時代によって異なる地域設定をおこなうことを提唱している。[15] 筆者の図式では、イスラーム地域とは、イスラームというファクターが存在する地域という意味であり、たんにムスリムが住んでいるというより広い範囲となるが、その地理的範囲は時代によって伸縮する。同様に、サブ地域もまたフレキシブルに考えるべきだろう。[16]

史資料に問いかける

人文学は、現地において現地の人間が作成した史資料(文字史料、画像、建築、工芸品など)を研究の第一の材料とする。社会科学の場合、同様の史資料に加えて、研究者自身が、

[14] Edward W. Said(1935 ～ 2003)はパレスティナ出身の文学者，思想家。『オリエンタリズム』(1978)において，西洋の知の構造と支配を批判し，文学，思想，歴史，社会学など幅広い分野に影響を与えた。『パレスチナ問題』(1980)，『イスラム報道』(1981)，『文化と帝国主義』(1993)など著作の多くは日本語訳が出版されている。

[15] 羽田正「歴史学・東洋学とイスラーム地域研究」佐藤次高編『イスラーム地域研究の可能性』東京大学出版会，2003，同『イスラーム世界の創造』東京大学出版会，2005。

[16] 板垣雄三は，その「n 地域」論において，問題群に応じてそれを内在化させる，小村落から地球大まで伸縮する任意の地域設定を提唱した(三浦徹「イスラーム地域研究の発進」『歴史学研究』702 号，1997 参照)。

聞き取りやアンケートや統計調査などによってデータを収集・作成する。図式的にいえば、前者は、当事者の声に耳をかたむけることを第一とし、後者（とくにアンケート調査）では、あらかじめ仮説をたて調査項目を決める。つまり後者では「問い」が先行するわけであるが、人文学の領域で史料（テキスト）を読む場合でも、問いがなければ表面的な情報を収集するだけにとどまり、テキストの背景や行間を読むことはできない。問いは、「なぜこんなことをしたのか」というように、対象に対して自分の側から発することもあれば、他所の事例をみて違いに気づくこともある。社会科学的な分析方法とは、このような問いのパッケージ、質問票をあらかじめもつことだといってもよいだろう。

イスラーム地域には、他の地域と比較しても、多種多彩で豊富な史資料がつくられ、これらを用いた研究が蓄積されている。中国、ロシア、韓国でも中東学会が設立され、中東・イスラーム研究はグローバル化している。私たちの前には、史資料と研究の大海があるといってもよい。次章から、この大海に漕ぎ出してみよう。

（三浦　徹）

第2章　研究文献を探す、読む、使う

研究文献とは何か

研究文献を読んでみようと思うのはどういうときであろうか。礼拝、断食、巡礼などのムスリムの生活事情を知りたいとき、中東で起きた事件の背景をより深く理解したいときなどであろうか。つまり詳細で情報源の確かなものを得たいときであろう。研究文献の「文献」とは「⑴「文」は書籍、「献」は賢人の意味で、昔の制度文物を知るためのよりどころとなる記録や言い伝え。⑵研究の参考資料となる書物・文書」とある(『日本国語大辞典』小学館)。つまり広義では、参考資料全般ということになるが、狭義では「賢人」が記録したものにかぎられ、一次資料(同時代のナマの記録など)を分析した二次資料(著作物)が研究文献ということになる。では、研究文献にどのようにアクセスしたらいいのか。本章ではイスラーム地域にかんする賢人(先人)が著した文献をどのように探して、読み解き、利用するかを述べる。

あるテーマについて、研究文献を探したいときにどうすればいいか。図書や論文の末尾には、参考文献とか文献一覧(ビブリオグラフィー)とよばれる文献リストがついているが、インターネットが普及したこの時代においては、コンピュータや携帯端末などのインターネット利用環境があれば、まず検索サイトで調べてみるであろう。しかし、検索ワードの設定によっては、表示された検索結果の多さに目がくらみ、大海に投げ出された気持ちになる。たとえば代表的なロボット型検索エンジン[1]のグーグルで「イスラーム」を検索してみると約九一二万件、グーグル・スカラーでは一万三七〇〇件の検索結果がヒットする(二〇一三年八月時点)。この検索結果のなかからひとつひとつサイトをクリックしていっても、ヒットした結果が「研究」ではなく、個人の体験が記されているブログや掲示板、検証可能な参考図書や出典が記されていない、信頼していいのかよくわからないページに行きあたったりする。グーグルの検索結果の比較的最初にでてくるのはウィキペディアの記事であるが、これは無署名の記事であり、典拠が記されていないことが多いが、最初の手がかりや知識を得たいときには役立つツールともいえよう。

それでは、より信頼がおける研究文献を確実に探しあてるにはどうすればいいのだろうか。以下、最初に研究文献を探し利用するための予備知識となる日本におけるイスラーム研究の歴史を紹介したうえで、参考図書による研究へのアプローチ、インターネットを利

1　ロボット型検索エンジンとは，世界中のウェブページを巡回し，情報を収集し，キーワードごとにデータベース化もする検索システム。利用者がキーワード検索すると，データベースに問い合わせ，適切なウェブサイトを表示する。

用した検索と文献の入手方法について解説し、最後に実例として「日本とトルコの関係」の文献を調べてみよう。

イスラーム地域にかんする研究用語

現在では、マスコミでも学校教育の場でも、あたりまえのように「イスラーム」という単語を用いている。瀬川亀によって一九一八年に著された日本における最初の概説書では「回教」という言葉が用いられた。「回教」の呼称の由来について、一九三四年に『東洋思想の諸問題』（岩波講座 東洋思潮）に掲載された大久保幸次「イスラム教」の序説ではつぎのように述べている。

イスラム教は、従来日本人には、マホメット教もしくは回教又は回々教の名において、より良く知られてゐた。……回教又は回々教の名は、中世西域の住民で早くも教徒となつたトルコ民族の一派回鶻（Hui-hu）又回紇（Hui-ho）に由来するといふのが一般に信ぜられてゐる。しかし、この称呼も教徒でない支那人が與へた名称であつて、支那教徒自身は特別の場合を除く外はそれを用ゐず、「清真」と呼んでゐる。……トルコ語風にいへばイスラム（İslâm）である。

〔「イスラム教」三頁〕

このように、一説では中国語の「回教」はイスラームに帰依したウイグル（回鶻または回紇)に由来するとされ、日本で「回教」の呼称が用いられたのは、イスラームについての知識が中国を経由してはいったことを示している。また、マホメット教の呼称は欧米語に由来し、いずれも他称であり、自称はイスラームであることが示されている。

「回教」という語は、第二次世界大戦以前の研究で用いられ、回教圏研究所の月刊『回教圏』、外務省調査部の季刊『回教事情』などの例があげられるが、大久保はこの時代にもかかわらず「イスラム」という言葉を採用している。ここに第1章で述べられているような大久保が重視した「まず原典研究ありき」の研究態度が如実にあらわれているといえよう。戦後は一時イスラーム地域の研究は下火となるが、一九六〇年代以降は「イスラム」の語が主流になり、現在ではアラビア語の Islām の音により近い「イスラーム」の表記が研究や教育の場で用いられるようになってきている。

「イスラーム地域」とは、中東に限定せずにムスリムが生活している地域をさし、中国や東南アジア、中央アジア、インド(南アジア)、サハラ以南のアフリカも含んでいる。これらの地域の呼称も変化し、第二次世界大戦前には、「支那」「南洋」「内陸亜細亜」などの語が用いられた。「中東」は、英語の Middle East の訳語で、いっぱんに東はアフガニスタンから西は北アフリカのモロッコまでの地域をさし、かつては西アジア、西南アジア、中近東といった呼称も用いられた。

年代	全体数	回教	イスラム	イスラーム
1930 以前	1,072	55	5	0
1931 ～ 44	1,703	322	34	8
1945 ～ 60	1,119	28	44	37
1961 ～ 70	2,297	16	196	51
1971 ～ 80	4,191	19	241	149
1981 ～ 90	6,984	4	471	374
1991 ～ 2000	13,675	2	795	1,110
2001 ～ 10	16,245	38	860	2,002

▶**「日本における中東・イスラーム研究文献データベース」のタイトル中にみられる用語数**(筆者作成)

以上「イスラーム」やこれにかかわる地域をさす用語の変遷を簡単に述べてきたのは、いつの時代に書かれた文献を探すかによって、検索ワードが異なってくるからである。出版年代による用語の変遷を「日本における中東・イスラーム研究文献データベース」で調べてみると、右下の表のような結果となる。戦前の研究を調べるのならば、「イスラーム」という単語で検索するよりも、「回教」で検索したほうがより的確な結果を得られるのである。

日本のイスラーム研究

第1章で述べられているように、明治から戦前までの日本のイスラーム研究は、欧米や中国での研究を手がかりとし、その翻訳や紹介が大半を占めていた。しかし昭和にはいって、現地を本当に理解するためには、現地語史資料を使って研究しなければならないという意識が高まり、学術雑誌に中東の現地語であるアラビア語、ペルシア語、トルコ語を学習するための連載記事が掲載されるようになった。一九三八年から蒲生礼一《がもうれいいち》が『回教圏』に「講座ペルシア語文法初歩」を開始し、一五回連載している。[2] 大学での中東諸語の教育に目を移すと、一九二五年には大阪外国語学校印度語部の研修語として日本最初のペルシア語講座が開講され、四四年には大阪外国語学校が大阪外事専門学校と改称し、アラビア

2 蒲生礼一「講座ペルシア語文法初歩(1)-(15)」『回教圏』1巻1号〜4巻1号, 1938〜40。

語学科が設置された。一九四九年に新制大阪外国語大学となり、六一年にペルシア語学科が設置された(同大学は二〇〇七年に大阪大学に統合)。東京外国語大学をみると、まず一九五六年に専攻課程ウルドゥー語設置、六一年にインド・パーキスターン科、アラビア科、その後八〇年にペルシア語科、九二年にはペルシア語科内にトルコ語専攻が設置された。外国語大学以外の大学や語学スクールなどにおいても、中東関係の語学が学べるところも徐々に増加している。

アジア全域の歴史と文化にかんする東洋学の専門図書館である東洋文庫にも、戦後、中央アジア・イスラム研究委員会が設置され、一九五八年からアラビア語、ペルシア語、オスマン・トルコ語、トルコ語、ウルドゥー語などの西南アジア地域の現地語の史資料が収集・整理されるようになった。本の入手方法がかぎられ、価格が高価であったため、個人ではなかなか海外の図書を購入するのが困難であった時代に、東洋文庫は広く研究者に利用されていた。東洋文庫は、言語ごとの冊子体の蔵書目録を刊行するとともに、いち早くアラビア文字を用いた目録の作成に着手し、現在はウェブサイトでのオンライン検索システムを公開している。

イスラーム地域に関連する学会も設立された。日本オリエント学会(一九五四年設立)、日本イスラム協会(一九六三年再建)、日本中東学会(一九八五年設立)などがその代表的なものであり、それぞれ学会誌を刊行し、研究発表・研究者の交流の場を担っている。

一九六〇年代前後には、共同プロジェクト研究も開始された。一九五八年から三カ年にわたって「アジア・アフリカ地域研究」(アジア・アフリカ総合研究組織)がおこなわれ、六六年に『日本におけるアジア・アフリカ研究の現状と課題　文献目録・解題　西アジア』が出版された。その後も、一九六七年に開始された「イスラム化にかんする共同研究」(東京外国語大学アジア・アフリカ言語文化研究所、代表板垣雄三)、八八年から九一年に実施された重点領域研究「イスラムの都市性」(東京大学東洋文化研究所、代表板垣雄三)、九七年から二〇〇二年に実施された創成的基礎研究「現代イスラーム世界の動態的研究(イスラーム地域研究)」(東京大学大学院人文社会系研究科、代表佐藤次高)、そして〇六年からは、NIHU(人間文化研究機構)プログラム「イスラーム地域研究」(中心拠点早稲田大学)が実施され、日本語、英語、あるいは現地語で多数の研究成果を公刊している。これらの研究プロジェクトの研究報告書は市販されていないが、大学図書館などに所蔵され、利用することができる。

研究文献を図書館で探す

本を探すとしたら、まずは近所の公共図書館や大学図書館を利用するだろう。図書館の蔵書を調べるには、以前は蔵書目録やカード目録を繰って調べていたが、一九九〇年代以降、目録情報のデジタル化が進められ、OPAC(Online Public Access Catalog, オンライン閲覧目録)を用いて検索できるようになり、直接図書館に行かなくても自宅や仕事場のパソコンでOPACを検索して用が足りるようになった。もともと読みたい本のタイトルや著者名がわかっている場合は、検索画面のタイトルや著者名の検索窓に必要な情報を入力すれば、書誌情報や請求記号、排架場所を知ることができる。調べたい本が決まっていなくても、OPACのタイトルやキーワードの検索窓に、「イスラーム」とか「エジプト」といった検索語を入力することで、関連する蔵書を探し出すこともできる。大多数の図書館では排架のために、蔵書をメインになる主題にもとづいて、「日本十進分類法」(NDC、Nippon Decimal Classification)[3]で分類する。分類は本一冊にひとつ付与される。OPACにもこれで検索できる項目が設定されていることが多い。イスラーム地域にかかわるNDC9版のおもな分類には以下のものがある。三桁の数字の下に、言語区分などの細目がついて、さらに詳しく分類されている場合もある。たとえば829‐5　アルタイ諸語、829‐57　トルコ語などである。

129　東洋思想　その他のアジア・アラブ哲学

167　宗教　イスラム

227 アジア史・東洋史　西南アジア・中東〔近東〕[4]
241 アフリカ史　北アフリカ
242 アフリカ史　エジプト[5]
292 地理・地誌・紀行　アジア
829 中国語　その他の東洋の諸言語
929 中国文学　その他の東洋文学

これらの書架に行けば、本の現物を手にとることができるし、OPACを使って分類で検索することもできる。

図書館にはレファレンスブック（参考図書）が備えつけてある。図書館ではふつうの本とは別置されていることが多い。語義や事柄を調べる辞典や事典、研究ガイドブック・ハンドブック、図書館の蔵書を調べるための蔵書目録、特定のテーマの文献をリストにした文献目録、地図、年表などがある。何を調べたいかによって利用する本は異なってくる。

辞典・事典の代表的なものとして『岩波イスラーム辞典』（二〇〇二年、CD-ROM版あり）、『新イスラム事典』（二〇〇二年）がある。英語では、ブリル社が一九五四年の第一分冊から数十年をかけて編纂・刊行した *The Encyclopaedia of Islam*, New edition（一九六〇〜二〇〇九年）があり、CD-ROMやオンライン版も刊行されている。これらの事典の各項

3　日本図書館協会分類委員会編集による書架分類法。1995年発行の新訂9版から二分冊となった。分類表には本表のほかに，補助表として形式区分，地理区分，海洋区分，言語区分，言語共通区分，文学形式区分，文学共通区分，および相関索引がある。

4　NDC 8版では，「226　西南アジア，中東，近東」（おもにアフガニスタン，イラン，トルコ，キプロス），「228　アラブ諸国」と分けられていたのを，NDC 9版への改訂ですべて「227　西南アジア，中東」のひとつにおさめることになった。

5　エジプトは，アジアではなくアフリカに分類される。

目は、当該分野の専門研究者が執筆し、執筆者名が明記されている点で信頼度が高い。

イスラーム地域研究の研究動向や研究方法を知るためのハンドブックとして、『イスラーム研究ハンドブック』（一九九五年）、『イスラーム世界研究マニュアル』（二〇〇八年）がある。前者は研究案内、グロッサリー、イスラーム史年表、付録（イスラーム歴史地図、イスラーム王朝交替表、イスラーム世界の暦）の四部構成になっている。後者は研究案内、研究キーワード、イスラーム・知の年表、イスラーム世界と諸国の概要、海外文献調査ガイドの五部構成で、研究案内の冒頭にある「道具類」の章では、各種の参考図書（ウェブサイトを含む）が紹介されている。

歴史学の分野を主にして学界動向を調べるには、史学会が毎年五月に発行する『史学雑誌　回顧と展望』の内陸アジア、西アジア・北アフリカ（イスラーム時代、近現代）などを読めば、当該年に出版された代表的な図書・論文にどのようなものがあったのかを知ることができる。

文献目録には、定期的に編纂する逐次型と、特定の領域についての過去の文献を網羅する総合型とがある。逐次型としては、『史学雑誌』（月刊）に毎号掲載される「史学文献目録」があり、イスラーム地域にかんしては「東洋史」の区分をみることになる。日本イスラム協会『イスラム世界』（年二回発行）には、毎号「イスラム関係邦文新刊書リスト」が掲載されている。東方学会は一九五四年から毎年『東方学関係著書論文目録』を刊行してきたが、九六年に休刊となっている。これは、東方学(アジア研究)の研究が拡大し、ひとつの学会ではフォローしきれなくなったためである。

一九七〇年代以降アジア経済研究所(現日本貿易振興機構アジア経済研究所)発行の『アジア経済資料月報』(一九九八年廃刊)などの定期刊行物にも「邦文雑誌記事索引」が掲載され、イスラーム地域の政治・経済・社会情勢の研究を知るために利用された。

イスラーム地域にかかわる総合型目録としては、*Index Islamicus* がある。これは一九五八年に、学術雑誌や論集などに収録された論文を網羅する目的で、過去五〇年(一九〇五〜五五年)の関連論文二万六〇〇〇点を分野別に収録した目録として刊行されたものである。編者はロンドン大学アジア・アフリカ研究院(SOAS、School of Oriental and African Studies)の図書館司書ピアソンズで、イスラームを専門とする図書館司書の共同作業に拠っている。その後、五年ごとに補遺が編纂され、単行本も収録対象とされ、一九八一〜八五年版の収録数は三万四三八二件と、年平均でいえば最初の五〇年の一三倍に達した。現在では冊子体で毎年刊行されるとともに、CD-ROM版やオンライン版も提供されている。

日本では、一九九二年に、財団法人東洋文庫附置ユネスコ東アジア文化研究センターか

Column #02

目録あれこれ——イスラーム地域と日本

アッバース朝のバグダードで書籍業を営んでいたイブン・アンナディーム(Ibn al-Nadīm, 九九五あるいは九九八没)は『目録(Fihrist)の書』(九八七~九八八年)を著している。これは特定の図書館の蔵書目録ではなく、彼が生きていた時代までのアラビア語で著された書物の「分類目録」であった。たんなる著者・書名順の一覧表とは異なり、一〇の分類で構成され、著者紹介と解題がついていた。分類は、クルアーン、文法・文献学、歴史・伝記・系譜学、詩、神学、法学・ハディース学、哲学、伝説・魔術、多神教の教義、錬金術で、前半は伝統的なイスラームの学問、後半は外来起源の学問であった。この目録は、オスマン朝の百科全書的博学者として知られるキャーティプ・チェレビー(Kâtip Çelebi 一六〇九~五七)による当時のアラビア語・トルコ語・ペルシア語の書物を言語別にまとめた『疑問の探求』(*Kashf al-ẓunūn*)などのイスラーム地域の後代の目録にも影響を与えたとされる。

日本最古の目録は、平安時代に勅命により藤原佐世《すけよ》(八四七~八九七)が編纂した『日本《にほん》国見在書《こくげんざいしょ》目録』(八九一年)といわれる。当時の日本に存在する書物の目録であるが、実際は中国伝来の漢籍のみの目録であり、分類は『漢書』の「藝文志《げいもんし》」と『隋書』の「経籍《けいせき》志《し》」を参照し、四〇部門に分類していた。鎌倉時代に『本朝書籍《ほんちょうしょじゃく》目録』(一二七七~九四年頃)が編纂される。分類は、神事、帝紀、公事、政要、氏族、地理、類聚、字類、詩家、

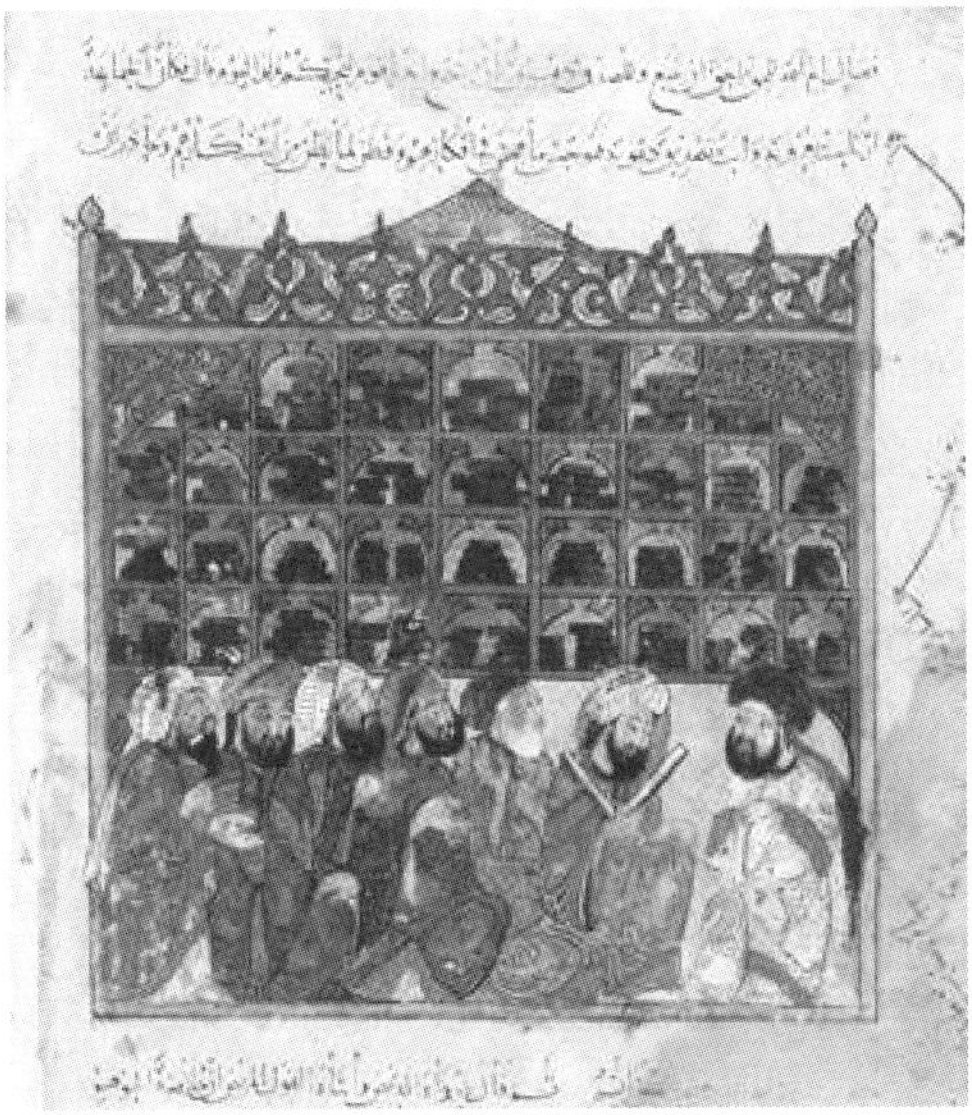

◀ハリーリー『マカーマート』（集会）の挿絵
13世紀頃のフルワーンの図書館。本は平積みに排架されていた。フランス国立図書館所蔵。

雑抄、和歌、和漢、管弦、医書、陰陽、人々伝、官位、雑々、雑抄、仮名の二〇部門（雑抄は二部門あり）で、鎌倉時代までの国書を網羅した目録であった。「和歌」「和漢」「仮名」などの日本独自の学問の分類もみられるようになった。明治にはいると、留学帰りの知識人の報告やお雇い外国人の建言から図書館設置の機運が高まり、一八七二年に文部省書《しょ》籍《じゃく》館が開館した。日本最初の近代図書館の成立であるが、採用された分類は古来の『本朝書籍目録』のものであった。所蔵資料の大部分が和漢書であったため、西洋の分類規則は適用しがたかったのである。現在利用されているデューイ十進分類法をもとにした『日本十進分類法』（一九二九年）まであと半世紀ほど待たなければならない。

　このようにイスラーム地域と日本の目録をみてみると、目録が当時読まれていた書物の内容をいまに伝えるとともに、採用された分類は学問体系の時代性・地域性を如実に反映していることがわかる。

ら『日本における中東・イスラーム研究文献目録　一八六八〜一九八八年』（以下中東・イスラーム文献）が刊行された。これは、明治から昭和までの日本における中東・イスラームにかかわる研究文献を網羅する目的で編纂されたもので、『イスラム記事目録』（渡辺宏編、一九六一年）、『日本におけるアラブ研究文献目録』（日本アラブ関係国際共同研究国内委員会編、一九八一年）、『東方学関係著者論文目録』（東方学会）などの既存の文献目録データを基礎とし、すべての書誌データを現物で確認し、作成したものである。

収録範囲は、日本において明治から一九八八年までに刊行された研究文献（外国語を含む）、対象地域は、中東および歴史的にこれと深い関連をもつ旧ソ連のグルジア、アルメニア、アゼルバイジャン、オスマン朝下のバルカン、イスラーム時代のアンダルスの各地域[6]で、時代はイスラーム以降、収録件数は約一万五〇〇〇件である。人文・社会・自然の諸分野にかかわる文献を、一四の大分野、その下に五三の小分野に分けて、著者名の五十音順に文献を配列してある。一四の分野は、総記、宗教・思想、法、自然・地理、歴史、政治・国際関係（戦後に限定）、経済・産業（戦後に限定）、語学・文学、科学・技術、芸術、民俗・民族学、社会・社会学、日本と中東、学界動向である。別巻として、人名、団体名の索引が付されている。この文献目録は、デジタルデータベースにきりかえて今日まで継続して編纂されている。

6 中国，東南アジア，南アジアは収録対象地域ではない。新聞・週刊誌の記事，ページの短いものも対象としていない。

研究文献をウェブサイトで探す

コンピュータとＩＴ技術の発展により、電子媒体によるデータベースやそのインターネット上での公開が進展している。印刷された図書ツールと異なり、ウェブサイト上のデータベースのオンライン検索では、入力した検索ワードを含むデータをヒットさせる。どの検索窓に、どんな検索ワードを設定するかによって、必要で有益な情報を得ることができるかが決まる。研究文献のデータベースの検索項目はおおよそ「タイトル」「著者名」「出版年」「出版者」「フリーワード」で構成されていることが多いが、「タイトル」に含まれない言葉を検索ワードにすると、想定される結果を導き出すことができない。たとえばオスマン帝国の社会制度について調べたいと思っても、「タイトル」に時代、地域もしくは王朝名、内容が的確に含まれていなければ、「オスマン帝国」「社会」とタイトルの検索窓に入力しても有用な検索結果を得られない。

ここで図書館のＯＰＡＣの検索に便利なツールとして、図書館の分類と件名について説明しよう。前述したように、日本の図書館では、ほぼ『日本十進分類表』によって本が分類されており、ほとんどの図書館のＯＰＡＣには分類の検索窓がある。これを利用して検索結果を絞り込むのである。また、図書の内容をあらわすものとして件名がある。件名、つまり件名標目(Subject Headings)とは、資料の主題や形式をあらわす言葉〈キーワード〉であり、自然語(Free Term)である同義語や類義語のなかからあるひとつの優先語を決めて統一をはかった統制語である。そのため、この件名を検索窓にいれれば、当該主題の本を探し出すことができる。日本の検索システムでよくみられる件名には、基本件名標目表〈BSH、Basic Subject Headings〉、国立国会図書館件名標目表〈NDLSH、National Diet Library Subject Headings〉、アメリカ合衆国議会図書館件名標目表〈LCSH、Library of Congress Subject Headings〉がある。たとえば、宗教としての「イスラーム」にかんするBSHを調べると、階層関係では、まず「宗教」→「イスラム教」、NT(Narrow Topic)として「イスラム教徒」「イスラム美術」「コーラン」「モスク」が設定されている。たいていの検索システムでは「ー」(音引き)を無視する正規化処理をしているので、件名の検索窓に「イスラム」といれても「イスラーム」といれても検索結果は同じになる。

日本国内の図書館の所蔵図書目録を統合し、横断検索できるシステムも設けられている。一九九八年に学術情報センター(二〇〇〇年から国立情報学研究所〈NII、National Institute of Informatics〉)が作成・公開しているオンライン共同分担目録NACSIS-CAT(六九頁参照)のWebcatサービスが運用を開始し、これに参加している大学・高等専門学校・研究機関などの所蔵図書を一括で検索できるようになった。二〇〇二年十月からは、より機能が拡充されたWebcat Plusを公開した。これは全国一二〇〇余りの大学図書館、国立国会図書館や公共図書館の所蔵目録、新刊書の書影・目次データベース、電子書籍データベースなど、本にかんするさまざまな情報源を統合して、それらを本・作品・人物の軸で整理したかたちで提供するもので、連想検索機能と自分の設定したテーマによる書棚の作成機能があるのが特徴である。二〇一三年三月にWebcatのサービスが終了し、後継サービスとして書誌情報・所蔵情報の目録にとどまらないCiNii Booksを提供している。論文や図書・雑誌などの学術情報を検索できるデータベース・サービスであるが、Webcatの検索対象に加えて、件名、分類、注記、資料種別、言語種別、図書館ID、機関ID、所蔵先地域の検索機能がふえ、より細かい検索が可能になった。また、典拠レコードを検索対象にした無著者名の古典の統一タイトルや著者別名の検索機能も追加された。[7]

国立国会図書館では、二〇一二年より国立国会図書館をはじめ日本全国の公共図書館、公文書館、美術館や学術研究機関などのコンテンツを統合検索できるシステムである国立国会図書館サーチの運用を開始した。これは検索結果に、図書館の所蔵情報、関連キーワード、連想キーワードを表示し、関連図書へのナビゲート機能を拡充したものである。CiNii Books/Articlesと国立国会図書館NDL OPAC/国立国会図書館サーチは相互にリンクされ、どちらの検索結果からもたがいのシステムでの再検索が可能になっている。

7　図書館ID，機関ID，検索したい図書館の地域を記憶する機能も頻繁に利用する者には，便利な機能である。

中東・イスラーム研究に特化したデータベースとして、さきに紹介した『中東・イスラーム文献』を核とした「中東・イスラーム研究文献データベース」(中東・イスラームDB)オンライン検索版がある。最初のインターネットでのデータ公開は、一九九六年の学術情報センター(現在の国立情報学研究所)との連携によるNACSIS-IR(二〇〇五年三月末サービス終了)上であった。その後、東洋文庫のウェブサイトでもデータ公開を開始したが、二〇〇三年にこのデータベースを編集していたユネスコ東アジア文化研究センターが閉所となり、補遺データベース編集事業は日本中東学会に継承されることになった。二〇〇六年にNIHUイスラーム地域研究の拠点が東洋文庫研究部に設置されると、日本中東学会と東洋文庫拠点が連携してデータベース事業を本格的に再開することになり、現在では東洋文庫拠点サイト(収録件数約五万件)、日本中東学会サイト(収録件数約三万四〇〇〇件)の両者で公開している。この二つのデータベースの違いは、東洋文庫拠点のほうが、明治初年から現在まで出版された研究文献で基本的に現物の書誌データの確認がすんだものを、日本中東学会のほうが、一九八九年から現在までの最新のデータ(未確認データ含む)を公開している点である。二〇〇一~一〇年の文献登録数は一万六〇〇〇件(年約一六〇〇件)にのぼり、一九八〇年代と比べ倍増している。

当該の中東・イスラームDBは、冊子体の分類に修正を加え、一三の上位分類と五六の

▲「日本における中東・イスラーム研究文献データベース」検索画面と検索結果

〈テーマ分類〉

000	総記	学界動向	061	経済	財政金融
001	総記	辞典・事典	062	経済	農林水産業
002	総記	文献目録	063	経済	貿易・国際
003	総記	概説・事情・論文集	064	経済	石油・エネルギー
004	総記	情報学(図書館情報学含む)	065	経済	鉱・工業
010	宗教・思想	宗教・思想一般	066	経済	交通運輸
011	宗教・思想	イスラーム	070	社会・人類学	社会・人類学一般
012	宗教・思想	哲学・神学・神秘主義	071	社会・人類学	都市・人口
013	宗教・思想	シーア派・イスラーム諸派	072	社会・人類学	労働・移民
014	宗教・思想	政治経済・近代	073	社会・人類学	教育・家族
015	宗教・思想	マニ教・ゾロアスター教	074	社会・人類学	女性・ジェンダー
016	宗教・思想	キリスト教・ユダヤ教	075	社会・人類学	メディア・マスコミ
017	宗教・思想	仏教	076	社会・人類学	スポーツ・娯楽
020	地理	地理一般	077	社会・人類学	宗教
021	地理	環境	078	社会・人類学	遊牧民・農村
022	地理	地理書・旅行記	079	社会・人類学	生活
030	歴史(考古学含む)	歴史一般	080	言語学	
031	歴史	前近代	090	文学	
032	歴史	近代	100	文化芸術	文化芸術一般
040	法	法一般	101	文化芸術	建築
041	法	イスラーム法	102	文化芸術	美術
042	法	現代	103	文化芸術	音楽・舞踊
050	政治	政治一般	104	文化芸術	演劇・映画
051	政治	国際関係	110	自然科学・技術	自然科学・技術
052	政治	民族問題	120	日本との交流	日本との交流一般
053	政治	テロリズム	121	日本との交流	エッセイ・紀行
054	政治	軍事	122	日本との交流	戦前海外事情
060	経済	経済一般	123	日本との交流	国際協力

▲「日本における中東・イスラーム研究文献データベース」のテーマ分類表

〈地域分類〉

01	中東全域	09	アフガニスタン
02	アラブ	10	トルコ・キプロス
03	マグリブ・アンダルス	11	バルカン
04	エジプト・スーダン	12	パレスチナ・イスラエル
05	シリア・ヨルダン・レバノン	13	湾岸戦争(1991年時)
06	イラク	14	コーカサス・タタール
07	アラビア半島	27	西トルキスタン
08	イラン・ペルシア		

▲「日本における中東・イスラーム研究文献データベース」の地域分類表

下位分類、一五の地域分類を設けている。国際情勢の変化にともない総記の下位分類として「情報学」、政治の下位分類として「テロリズム」「軍事」、日本との交流の下位分類として「国際協力」が追加された。

最後に、代表的な外国の研究文献検索サイトとしてOCLC Worldcat（日本語版）をあげる。これは世界最大の図書館共同カタログ検索システムで、四四の国立図書館をも含む世界七万二〇〇〇の図書館の所蔵資料、図書、ＤＶＤ、ＣＤ、記事・論文など約二〇億タイトル、四七〇の言語の図書の検索ができる。ＯＣＬＣ（Online Computer Library Center）はアメリカ合衆国のＮＰＯで、同国を中心に世界各国の大学や研究機関で構成された非営利・メンバー制のライブラリー・サービス機関であり、日本でもいくつかの私立大学が参加している。現在地を入力すれば、所蔵館や入手方法をナビゲートしてくれる。

研究文献を入手する

検索結果に表示された図書や論文を入手するには、当該の図書館にでかけ閲覧・複写することになる。図書や雑誌のオンライン検索ができる以前は、当該図書館に行ってみないと目的の資料があるかわからなかった。学術雑誌については『学術雑誌総合目録』という複数巻の分厚い目録をみて、所蔵を調べていた。現在では、CiNii Books で所蔵する図書館が一覧でき、図書館ごとの利用方法も所蔵館情報のワンクリックで調べることができる。

インターネットが発達し普及した現在、図書館にわざわざ出向かなくても、自宅にいながらにして論文を入手することが可能になった。CiNii Articles の検索結果に表示される論文書誌情報から、機関リポジトリ[8]で提供される論文のPDFファイルやテキストファイルをダウンロードできる機能があり、大変便利である。また、大学図書館のILL(Inter-library Loan)サービス[9]や、国立国会図書館のNDL OPACの遠隔複写サービスを利用する方法もある。大学図書館間ILLサービスは、図書館によっては合衆国や韓国などの海外の大学図書館と提携している場合があり、よりグローバル化している。ただし、各図書館の規定や著作権法により複写できない場合もある。NDL OPACの遠隔複写サービスは、利用者登録(郵送でも申請可)をすれば、インターネットで所蔵資料に掲載されている論文の複写を依頼し、郵送でコピーを受け取り、同封の振り込み用紙で料金を振り込むことが可能なサービスである。

日本とトルコの関係を調べてみよう

これまでに紹介した検索ツールを使って、トルコと日本の関係を調べてみよう。現在は「トルコ」といえばトルコ共和国のことをさすが、歴史的に「トルコ」はもっと広い地域

8 研究機関がその知的生産物を電子的形態で集積し保存・公開するために設置する電子アーカイブシステム。

9 図書館間でおこなわれている相互貸借サービス(文献複写や資料現物の貸借の依頼および受付)のメッセージのやりとりを電子化したシステム。

をさしていた。トルコ系諸民族の故地中央アジア、十一世紀以降に中東に進出し一大国家を築いたセルジューク朝（一〇三八〜一一九四）の中央アジアからシリアにまたがる版図、アラブ地域やバルカン・コーカサスをも支配したオスマン帝国（一二九九〜一九二二）の領域である。「中東・イスラームＤＢ」の地域分類「トルコ」も広い意味でのトルコをさしている。

日本では、戦前においてトルコは「土耳古」「土耳其」「土耳格」などと表記されていた。ためしに「中東・イスラームＤＢ」で「トルコ」で検索してみよう。地域分類一覧を開き、「10　トルコ」を選択して検索してみると四八四四件がヒットする。この結果を出版年の昇順で並び替えると、日本における年代順の研究動向を知ることができる。このデータベースの検索結果から、タイトルにはじめて「土耳古」の文字が用いられたのは、一八七七年に外交官中井弘（桜洲《おうしゅう》山人）が私家版で出版した旅行記『土耳古希臘埃及印度漫遊記程』全三巻であることがわかる。

戦前のトルコ事情を調べたい場合は、さらにテーマ分類一覧を開き、「１２２　戦前海外事情」を追加すると、検索結果を絞り込むことができる。この結果をみると、一八九六年に第1章で日本初のムスリムとして紹介された山田寅次郎が『太陽』（博文館）第二巻第一号に「土耳通信——土京の近況附我全権公使派遣の必要」を寄せ、トルコとの関係を強化する必要性を説いているのがわかる。この山田寅次郎は、一八六六年に沼田藩（現在の群馬県沼田市西倉内町）の江戸家老中村雄右衛門《ゆうえもん》（莞《かん》爾《じ》）の次男として生をうけたが、跡継ぎがいなかった宗徧《そうへん》流家元山田家に養子入りしたという人物である。山田は、一八九〇年にオスマン帝国軍艦エルトゥールル号の遭難事件が起きると、義捐金《ぎえんきん》を集めて犠牲者の遺族に寄付することを思いたち、大々的な募金運動を開始する。二年をかけて五〇〇〇円（現在の価値で一億円相当）の寄付を集め、一八九二年に義捐金をたずさえてエジプト経由でオスマン帝国の首都イスタンブルに渡った。

つぎに同じDBの著訳者の検索窓で「山田寅次郎」を検索してみると、七件がヒットし、博文館から『土耳古画観』（一九一一年）という単行本が出版されているのがわかる。山田はスルタン、アブデュルハミト二世（在位一八七六〜一九〇九）の依頼によりしばらくトルコに滞在し、その後一時帰国するが、ふたたびトルコに渡り、イスタンブルに中村商店を開業して、日本とのあいだでの貿易事業を始める。その後、数回日本とトルコのあいだを往来しながら、二〇年近くイスタン

▲アヤ・ソフィヤ・モスク（当時）の外観　『土耳古画観』の挿絵より。

◀トルコ風の服装で水煙草をたしなむ山田寅次郎
皇帝からの勲章をつけての記念写真。

ブルに滞在した。このトルコ滞在の記録が『土耳古画観』である。[10] 当時のトルコの寺院・博物館・住宅、結婚・食事、行商、代書人、大道髭そりなどのさまざまな職業人のスタイルが山田自身の手による銅版画やスケッチなどのユーモラスなイラストにより描写され、この時代のイスタンブルの名所旧跡や人びとの暮らしぶりがよくわかる。巻末には追憶録として「紀州灘の遭難」が付されてエルトゥールル号事件のことを著している。所蔵図書館は、CiNii Books で検索すると大学などの所蔵館が一五館、分類はＮＤＣ６版で「２９２・６　トルコの紀行」、国立国会図書館サーチで検索すると、公共図書館所蔵が五館、件名が「トルコ　紀行・案内記」ということがわかり、タイトルからは一見画集のようにみえるが、件名からじつは旅行記であることがわかるのである。

山田が活躍したエルトゥールル号事件とは、どのような事件だったのであろうか。[11] スルタンの特命全権大使オスマン・パシャを代表とする使節団を乗せたエルトゥールル号は一八八九年にアブデュルハミト二世により、八七年の東伏見宮嘉彰《よしあきら》親王（小松宮）のオスマン帝国来訪に対する答礼、日本との関係促進、パン・イスラーム主義の啓蒙などのために派遣された。エルトゥールル号は十一カ月の長旅のすえ、翌年（一八九〇年）長崎に到着し、無事にオスマン・パシャは明治天皇に謁見した。その年の九月にエルトゥールル号は帰途につくが、暴風雨に遭遇し和歌山県大島村沖で座礁、沈没してしまう。そのときの日本側

10 セルチュク・エセンベル「世紀末イスタンブルの日本人――山田寅次郎の生涯と土耳古画観」池井優・坂本勉編『近代日本とトルコ世界』（慶応義塾大学地域研究センター叢書 6），勁草書房，1999，71 ～ 100 頁。

11 小松香織「アブデュル・ハミト２世と 19 世紀のオスマン帝国――「エルトゥールル号事件」を中心に」『史学雑誌』98 編 9 号，1989，40 ～ 82 頁。

の遭難者に対する尽力と友好的な態度がのちの日本とトルコの友好関係につながる。これについての研究文献を探すにはどうすればいいのか。トルコ語の「エルトゥールル」(Ertuğrul)をカタカナにおきかえると「エルトグロール」「エルトグルル」や「エルトウルル」とさまざまである。このバリエーションを考えるよりも、テーマ分類「日本との交流」、地域分類「トルコ」で検索するか、CiNii Booksや国立国会図書館サーチで検索する場合は、件名「海難　歴史」、「日本　外国関係　トルコ　歴史」と設定したほうがよいであろう。基本となる研究文献がみつかれば、その著者名でほかの文献を検索したり、当該文献の参考文献を手がかりにして関連文献を探したりできる。

　前述の地域分類「トルコ」で検索した結果として、一八七七年に出版された図書に露土戦争を題材とした佐久間貞一編による『魯土戦争紀』全五巻がみられる。当時、日本は北東アジアに迫りくる帝政ロシアの勢力に脅威をおぼえており、その後数年にわたって露土戦争関連の出版物がみられる。一九〇四年に日本がロシアに宣戦して日露戦争が勃発し、日本が勝利をおさめる。この勝利はアジア諸民族の民族的自覚に影響を与えた。

　一九〇九年二月に、第1章でも述べられたように帝政ロシア領内からトルコ系タタール人出身のアブデュルレシト・イブラヒムが来日した。帝政ロシアに反発し、パン・イスラーム主義の立場から反体制運動、アジア諸民族の連帯と統一を掲げていた[12]アブデュルレシ

[12] アブデュルレシト・イブラヒムについては小松香織・小松久男訳『ジャポンヤ』岩波書店，2013。

[13] 坂本勉「東京モスク沿革誌(特集：イスラムとの出会い)」『アジア遊学』30号，2001，121～128頁。

[14] 旧モスクは老朽化のため1984年に閉鎖され，86年に取り壊された。現在のモスクは2000年にトルコ政府の援助により再建されたものである。

ト・イブラヒムは、東京にモスクを建設するために尽力した人物である。[13] 東京モスク（現東京ジャーミィ、渋谷区）は一九三八年に建立された日本で二番目のモスクである。[14] ちなみに日本最初のモスクは一九三五年に建立された神戸モスクである。日本にあるモスクについて調べる場合は、「中東・イスラームDB」のテーマ分類「120　日本との交流」、フリーワード「モスク」で検索してみるとよい。

戦後の日本とトルコの関係を調べるためには、テーマ分類「日本との交流」、地域分類「トルコ」、出版年を一九四五年以降に設定して検索する。検索結果は一一四件である。検索結果のタイトルを一覧すると、「日本・トルコ友好一二〇周年記念」や「エルトゥールル号一二〇年の記憶」という文字が目を引く。さらにテーマ分類を「123　国際協力」で再検索すると、今度は「被災地の温かいドネルケバブ」「トルコ東部地震における緊急支援活動と被災」というタイトルが目にはいる。これは二〇一一年の東日本大震災とトルコ東部地震時のたがいの支援活動を記録した報告であるが、トルコと日本のつながりの深さを感じることができる。エルトゥールル号

▶建立当時の神戸モスク

▲建立当時の東京モスク

事件の時代と同様、現代でもトルコと日本の友好関係は生きている。

印刷媒体とウェブサイト

一九九〇年代に始まったインターネットの普及にともない冊子体での蔵書目録・文献目録は手にとられることが少なくなってきている。昨今の学生にとっては携帯電話、コンピュータやインターネットがない時代は想像もできないであろう。たしかに印刷物は、一度出版されると改訂されないかぎり内容が更新されず日増しに新しさは失われていく。インターネットの検索エンジンは、膨大な元データから機械的な検索結果を導いてくれる優れた道具であり、端末があればどこにいても利用できるのが利点である。しかしインターネット上の検索エンジンは、入力した検索ワードに対応したものだけを機械的に示すだけで、検索結果に「ゆれ」がない反面、「ふくらみ」もない。冊子体目録であれば、自分が探し出した書誌の前後を見渡して、こんな本や論文があったのかと、新たな研究を発見し、わくわくする楽しみがある。また、気が向いたときに書棚から抜き出し自由にページを開くことができる簡便さもありがたい。冊子体の目録に目をとおしたときの高揚感も捨てがたいと思うのは、もはや時代遅れであろうか。

いちばん肝心なことは、インターネットはすべての問題を解決してくれるわけではないことである。研究文献の書誌データにしても、所蔵情報にしても、サイトに登録されていなければいくら検索してもヒットしない。それぞれのデータベースには、それが作成される目的や経緯に由来する長所と短所があり、その癖を見極めながら、上手に使っていく必要がある。インターネットで利用できるデジタルデータは加速度的にふえているとはいえ、人類が長いあいだかけて蓄積したものからすれば、ごく一部でしかない。世の中にはインターネットでは調べられないことも存在するという認識は、つねに頭のすみのどこかにとどめておきたい。

（後藤敦子）

第3章　史料を探す、史料から学ぶ

史料にたずねる

私たちは、日々イスラームやイスラーム地域にかんする情報に接しており、いまや、日本人にとって、イスラームについての基礎知識は常識の一部となりつつある。たとえば、ムスリムが豚肉や酒を口にしないことや、一日に数回、マッカ（メッカ）の方角に向いて礼拝すること、また近年では、日中の断食をおこなうラマダーン月のことなども、メディアをとおして多くの人びとの知るところとなっている。イスラームの歴史にかんしても、高校の世界史の教科書には、七世紀にムハンマドが唯一神アッラーフからの啓示を受け、預言者として活動を始めたことや、啓示をアラビア語で書き記した聖典クルアーン（コーラン）の存在、ムハンマドがマッカからマディーナ（メディナ）へと移住したことをさす「ヒジュラ」などについての記述があり、六二二年というヒジュラの年号を暗記している人も多いであろう。

ふだん、私たちはこうした「何年にだれが何をした」というかたちで歴史を認識することに慣れ切っているが、こうした常識から一歩踏み込んで、たとえば啓示はどのようにくだされたのか、ヒジュラはどのようにおこなわれたのか、といったより具体的な状況を知りたいと思ったときは、どうすればよいだろうか。

多くの人がまず試みるのは、インターネットで検索することかもしれない。たしかに、インターネットは一見すると情報の宝庫であるが、教科書に載っているような事実の典拠を探すのは、意外と難しい。それはインターネット上の情報の多くが、ほかの文献やウェブページから、出典を確認せずに引用・転載されたものだからである。このようなときは、図書館で研究文献や史料を探したほうが、ずっと確実で、結果として近道になることもある。日本語で読めるイスラーム関係の文献は、ひとつの図書館ではせいぜい数冊から数十冊しかみつからないかもしれないが、編集の過程で校閲や校正をへているので、インターネットの情報より信頼できるものが多い。

しかし、一般向けの書物のあいだでも、記述に違いがみられることがある。たとえば、ムハンマドが預言者としての使命を受け、布教を始めるきっかけとなった召命体験として、多くの書物は、ヒラー山の洞窟でムハンマドの前に天使ジブラーイール(ガブリエル)があらわれ、「誦《よ》め」に始まる啓示の言葉を与えた有名な逸話をあげている。このときくだされた啓示は、クルアーン九六章にあたる章句であるが、いっぽんに、これが最初の啓示であったとされている。

この逸話を複数の文献で比較してみると、細かな点で違いがある。たとえば本シリーズの第一巻『イスラーム 知の営み』(八〜一〇頁)や、モンゴメリー・ワットの著書『ムハンマド 預言者と政治家』(二三頁)のように、「マントにくるまる者よ」に始まる別の章句(七四章一〜七節)が最初の啓示であった可能性に言及するものもある。また、ジブラーイールがあらわれたとき、ムハンマドが眠っていたとするものもあれば、そのことに言及しないものもある。また、これが起こった時期についても、六一〇年やラマダーン月(ヒジュラ暦の第九月、断食月)であったと明言しているものと、そうでないものがある。

このような違いはなぜ生じるのだろうか。確実なことを知るためには、史料に直接あたるのがよい。もちろん、史料をみればすべてが明らかになるとはかぎらない。逆に、史料の記述のほうが曖昧《あいまい》であったり、矛盾していたりということもめずらしくない。重要なのは、史料にもとづいて何がいえるのか、何がいえないのかを知ることである。

この章では、私たちがふだん慣れ親しんでいる歴史的事実というものが、どのような史料にもとづき、どのようなプロセスをへて事実となるのかを、史料を探す方法とともにみてみよう。なお、「史料」や「資料」の定義には諸説あるが、ここでは、文字で記され、研究に用いられる情報・素材（ソース）を史料とよび、文字に拠らない絵画や写真、用具、建造物、景観などを資料とよぶ。そのうえで、両者をあわせた総称として「史資料」や「資料」を用いる。[1] 近現代史においては、外交史料などの欧米側の史料や、音声資料、口承による記録（オーラル・ヒストリー）も一次資料となりうるが、ここでは、おもに近代以前のイスラーム地域で生み出された文字史料を中心にあつかう。

イスラーム史料の概要

イスラーム地域で生み出されてきた史料には、図書（写本・刊本）、雑誌、新聞、文書類、銘文や碑文をもつ貨幣や建造物、織物などがあるが、どのような史料が利用できるかは、地域や時代によって異なる。ここで簡単にその概要をみておこう。

イスラームの書物の歴史は、七世紀後半のクルアーンの編纂《へんさん》とともに始まる。八世紀には中国からイスラーム世界に製紙法が伝わり、九世紀には各地に製紙工場がつくられ、従来の羊皮紙やパピルスは、しだいに紙にとってかわられたが、丈夫で保存に適した羊皮紙は十一世紀頃まで用いられた。現存する初期の羊皮紙のアラビア語写本のほとんどはクルアーンである。エジプトを中心に用いられたパピルスは、ファーティマ朝（九〇九～一一七一）以降はほぼ紙にとってかわられたが、アラビア語のパピルス文書には現存するものも

[1] 現在の歴史研究では，後者の非文字資料も歴史研究に積極的に用い，これらを含めて「史料」とよぶ場合もある。福井憲彦「証拠としての史料・資料」『歴史学入門』岩波書店，2006，13～17頁。「史料」『歴史学事典6　歴史学の方法』弘文堂，1998，307～310頁。

ある。

イスラームの拡大にともない、八世紀から十一世紀にかけてはさまざまな学問が発展した。クルアーン学やハディース学(後述)、アラビア語文法学、フィクフ(法学)、カラーム(神学)、タサウウフ(神秘主義)といったイスラーム的な諸学問に加え、ファルサファ(哲学)、ターリーフ(歴史、年代記)、地理書、旅行記、数学、天文学、医学、錬金術、異端分派学、文学などのさまざまなジャンルの書物がアラビア語やペルシア語で著された。その後、西アフリカから中央アジアや東南アジアにいたる地域的広がりのなかで、オスマン・トルコ語やヒンドゥスターニー語(ウルドゥー語)なども加えたさまざまな現地語による書物が生み出された。現存している写本も豊富にあり、世界各地で写本を用いた研究がおこなわれている。

文書史料を用いた研究も盛んである。イスラーム期以降の西アジアにはさまざまな政権が興ったが、その多くは公文書を保管する部門を有していたと考えられる。もしもそれらに集積された公文書がすべて現存していれば、各政権における公文書の蓄積量は膨大になるはずであるが、残念ながら、時代を遡るほど現存する文書史料は少なく、ファーティマ朝期より前の時代のものは非常にかぎられている。まとまって現存する文書は主として近世以降の時代である。なかでもオスマン帝国の豊富な公文書は有名で、イスタンブルの首相府オスマン文書館などには、各国から研究者が訪れて研究に勤しんでいる。また、以前はアクセスの難しかったイランや中央アジアの文書を用いた研究も進められている。私文書については、文書館に集められているものもあるが、モスクや民家などに手つかずのまま眠っているものも多くあると考えられている。

近現代になって、これまで存在を知られていなかった過去の写本や文書が発見されることもめずらしくない。一八九六年にカイロ旧市街のベンエズラ・シナゴーグでみつかった、カイロ・ゲニザ文書とよばれる史料群は、九世紀から十九世紀（主として十三世紀まで）にわたる時代の大量の図書や文書史料を含んでおり、エジプトや北アフリカのユダヤ教徒社会を知るための重要な史料となっている。[2] 大半はヘブライ文字のアラビア語で書かれているが、なかにはユダヤ教と関係のないものも含まれる。

最近でも、二〇〇〇年にオマーンのアルハムラーという街の古民家で、十八世紀後半から二十世紀半ばまでに書かれた約二九〇〇点の文書（ほとんどは書簡）が発見された。もっとも古いものには、現在のオマーンの支配者の家系の始祖にあたるイマーム・アフマド・イブン・サイード・アルブーサイーディーからの書簡があり、一七七三年の日付をもつ。[3] また、日本の中近東文化センターが一九八〇年代からシナイ半島南西部のトゥール地域でおこなった遺跡発掘調査でも、四〇〇〇点以上の古文書（トゥール文書）が発見されている。[4]

2 Cambridge Digital Library ではケンブリッジ大学所蔵分のうち約 1 万 2000 点のデジタル画像をみることができる（http://cudl.lib.cam.ac.uk/collections/genizah）。

3 Michaela Hoffmann-Ruf, "Private Documents from Oman: The Archive of the ʿAbrīyīn of al-Hamrāʾ", in *From Codicology to Technology: Islamic Manuscripts and their Place in Scholarship,* pp.159-173, ed. by Stefanie Brinkmann and Beate Wiesmuller, Berlin: Frank & Timme, 2009.

4 川床睦夫「第 24 次ラーヤ・トゥール地域の考古学的調査報告」川床睦夫編『国際セミナー　モノの世界から見た中東文化・イスラーム文化――住まい方を中心に』中近東文化センター, 2005, 45 頁。

また、京都外国語大学では、一九九二年以来、ウズベキスタン科学アカデミー東洋学研究所と提携し、ヒヴァ、サマルカンド、フェルガナなどにおいて法廷文書の収集・整理・保存のプロジェクトを実施し、二〇〇〇点をこえる文書を収集し、同大学において写真版が閲覧できる。

これらの文書史料からわかることは、歴史書が語る戦争や飢饉などの大事件と比べると、些末な事実にみえるかもしれない。しかし、近年日本でも「武士の家計簿」として話題になった金沢藩士猪山家文書のように、そこから当時の人びとの生活や社会のようすをうかがい知ることができ、逆に私たちが過去の人びとや社会に対してもっている思い込みを改めることにもつながる。

印刷物では、木版刷りが早くから存在したとされるが詳細はよくわからない。十六世紀にはヨーロッパでアラビア語の活字による印刷物が出版されたが、イスラーム世界での活版印刷の普及はオスマン帝国の外交官イブラヒム・ミュテフェッリカ(一六七四〜一七四五)による印刷所の設立を待たねばならなかった。イランでは活版本の印刷所が十九世紀に設立されたが、石版刷りも同時期に導入された。オスマン帝国とは対照的に、手書きの書体に近い石版刷りが好まれ、十九世紀半ばから二十世紀初頭まで石版本が主流であった。

アラビア文字による新聞は、十九世紀前半にカイロで発行されたアラビア語・オスマン語併記の『アルワカーイ・アルミスリーヤ』(エジプトのできごと)が始まりとされる。ペルシア語では諸説あるが、情報の確かなものとしては十九世紀半ばにミールザー・サーレフ・シーラーズィーによってイランで発行された石版刷りの新聞『カーガゼ・アフバール』(ニューズ・ペーパーの意)が最初期の新聞として知られている。

貨幣や建造物などに記された碑文や銘文は、それじたいのもつ情報量は少ないが、ほかの史資料と組み合わせることで、歴史を知るための重要な資料となりうる。これらについて、ここで詳述することはできないが、各種の史資料やそれらを用いた研究成果について、専門的な研究者による紹介や解説を含む研究書が出版されているので参考にされたい。

イスラーム初期の史料と学問の形成

さきにあげた、啓示の始まりについての疑問を解くため、イスラームの初期の史料をもう少し詳しくみてみよう。

最初にあげるべきものはクルアーンである。預言者にくだされた啓示は、当初ヤシの葉や骨、石などに記録されたともいわれるが、むしろ当時の主要な記憶・伝達方法は弟子たちによる暗誦であった。預言者がこの世を去り、イスラーム勢力の征服地が広がっていくなかで、暗誦者による内容の相違が生じたため、第三代カリフ・ウスマーン(在位六四四

～六五六)の命により、クルアーン正本の編纂作業がおこなわれた。ウスマーンは統一された正本を各地に送り、それ以外のクルアーンを焼却させた。このいわゆるウスマーン本が、今日まで伝わるクルアーンの定本となった。ウスマーン本の成立により、クルアーンを正しく朗誦するための読誦学(キラーア)やアラビア語の正書法も発展した。

クルアーンは一一四のスーラ(章)からなる。もともとの啓示は、約二三年のあいだにわたって断続的にくだされたが、クルアーンのスーラの配列は成立年代順ではなく、初期の啓示とされるものの多くはうしろのほうに配置されている。クルアーンを史料としてみるとき、歴史的事件についての言及がそれほど含まれているわけではないが、ネルデケ(一八三六～一九三〇)、ヴェルハウゼン(一八四四～一九一六)、ベル(一八七六～一九五二)といったヨーロッパの学者たちによるクルアーンの歴史的側面にかんする研究にみられるように、クルアーンの言葉をさまざまな角度から文献学的に検証することで、イスラームやクルアーンの成立にかんする非常に多くのことをうかがい知ることができる。

クルアーンと並ぶ教典としての位置を占めるのが、預言者の言行の記録であるハディースである。

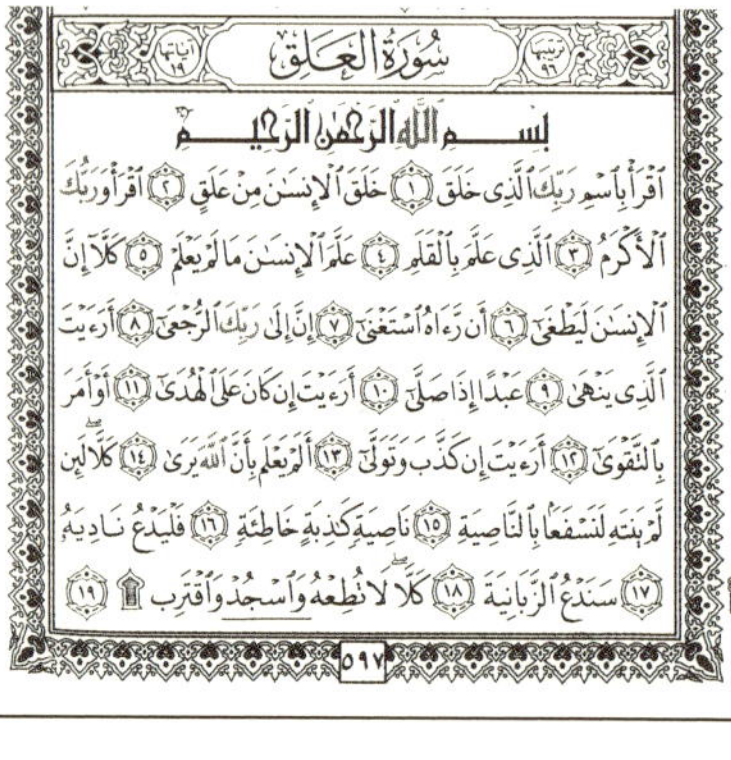

▶**クルアーン**　今日普及している一般的なクルアーンの例(96章部分)。各節の終わりに節番号が記されており，文字の上下に正しく発音するための母音符号が付されている。

預言者の言行は側近たちによって記録されていたが、彼の死後、クルアーンに書かれていない生活上の疑問や問題を、生前の預言者の慣行（スンナ）に従って判断するために、正しいハディースの編纂が必要となった。ハディースに記された内容は、相続や離婚といった法的な規定にあたるもののほか、礼拝などの宗教実践の作法、夫婦関係と多岐にわたり、サンダルの使用にかんするものまである。九〜十世紀にかけて成立した主要なハディース集のうち、ブハーリー（八一〇〜八七〇）とムスリム（八一七／八二一〜八七五）の『サヒーフ』（正伝集）がとくに有名であり、ほかにイブン・マージャ（八二四〜八八七／八八九）、アブー・ダーウード（八一七〜八八八／九）、ティルミズィー（八二四〜八九二）、ナサーイー（八二九〜九一五）らの編纂したハディース集が重要とされ、これらは六書とよばれる。十〜十一世紀にはシーア派の四大ハディース集（四書）も成立した。これらは預言者の血を引くシーア派のイマーム[5]たちのハディースを収録している。

初期史や預言者の生涯について知るさいに、クルアーンやハディース以上に重要な史料となりうるのが、スィーラとよばれる預言者ムハンマドの伝記ジャンルである。そのもっとも有名なものは、イブン・ヒシャーム（?〜八三三）が編纂した『預言者伝』である。これは八世紀の学者イブン・イスハーク（七〇四頃〜七六七）が記した歴史書『マガーズィー』（遠征）の書』から、預言者の生涯にかかわる部分をぬきだして編集したものである。イブ

[5] イマームとは指導者の意。シーア派では，預言者の従兄弟であると同時に娘婿でもあったアリー（600頃〜661）の子孫をイマーム（共同体の長）として認め，イマームによる教義の規定や聖典解釈に従う。

ン・イスハークの原典は散逸して現存しておらず、その内容はイブン・ヒシャームの編集した『預言者伝』のほか、タバリー（八三八〜九二三）の『使徒たちと諸王の歴史』などにおける引用から部分的に知ることができるのみで、イブン・ヒシャームがどれほどの部分を削除したかは正確にはわからない。ムハンマドの生涯にかんする読み物は多く出版されているが、そのほとんどの直接的あるいは間接的な情報源は、この『預言者伝』である。ハディース学では、伝承の信憑《しんぴょう》性を明らかにするため、それぞれの伝承の本文につき、だれからだれに伝えられたかという系譜を記述するイスナードという手法が確立したが、『預言者伝』も基本的な形式は同じである。

さきにふれたタバリーの歴史書にも、イスラーム法学やハディース学における伝承の批判の手法が用いられ、イスナードが明記されていた。タバリーの歴史書は十世紀後半にサーマーン朝のマンスール・ブン・ヌーフの命を受けたバルアミー（生没年不詳）によってペルシア語訳され、これは近世ペルシア語においても散文の歴史叙述の先駆となった。ただし、そこではイスナードが省略された。同じくタバリーは最初期のタフスィール（クルアーン注釈学）の著作も著している。イスラームの初期の学問ジャンルは、クルアーンとハディースの編纂を端緒として、情報源の信憑性を重視し、それを吟味する方法や形式の面で、密接に関係していることがわかるだろう。

組織化されていない資料はみつけられない

今日、私たちは現地語で書かれた史料の翻訳だけでなく、原典をも日本にいながらにして読むことができる。日本にどれくらいの現地語資料があるのか、その総数について正確な数字を出すのは難しいが、NACSIS-CAT[6]に登録された図書および雑誌資料の書誌レコードの数は、二〇一三年三月現在、アラビア語が五万七〇七三件、ペルシア語が一万二三二一件、現代トルコ語が一万三九九〇件、オスマン・トルコ語が二六四五件、ウルドゥー語が一万三一九八件[7]となっている。一件(タイトル)で複数巻の本もあるので、件数は冊数とは異なるが、ひとつの目安となるだろう。このほか、東洋文庫には、これらの言語をあわせて約五万タイトルが所蔵されている。古典的な著作の刊本であれば、まず国内にあると考えたほうがよい。以下ではその探し方を考えてみよう。

数十から数百冊の個人蔵書ならばともかく、数千から数十万という図書館蔵書の場合は、なんらかの秩序に従って組織化(つまり整理)されていなければ、そこから求める資料を探し出すのは難しい。おもな資料組織法のひとつに、目録法がある。図書の著者やタイトル、内容分類を記した目録を使って探す方法は、すでに古代のオリエントにおいて実践されていた。メソポタミアのニプールで発見された紀元前二〇〇〇年頃の粘土板には、六二点の

6 NACSIS-CAT は，国立情報学研究所(NII)が運営する，総合目録データベースである。2012 年度末現在，参加機関数は 1258 機関であり，その 67%が大学(国公立・私立・短期)である。CiNii Books(http://ci.nii.ac.jp/books)や Webcat Plus(http://webcatplus.nii.ac.jp/)から検索することができる。

7 2012 年に京都大学は，パキスタンのアキール博士のウルドゥー語コレクション(約 2 万 6000 冊)を購入したので，目録整理が進むと今後大幅に増加する。

文献が記録されており、これが目録の原型とみられている。

　また、古代アレクサンドリア図書館の司書であったカリマコス（前三〇五頃～二四〇頃）の編とされる『ピナケス』は、西洋で知られる最初期の目録として有名である。今日現存しているのは、パピルス紙片に書かれたその断片でしかないが、研究によれば、同書に収録された目録は修辞学、歴史、法律、哲学、雑書、医学、叙事詩、悲劇の八区分ないしそれに数学と科学を加えた一〇区分に主題分類され、目録記述は、著者ごとに名前、出身地、家柄、学歴、筆名偽名などを記述する伝記書誌の形式を採用していた。[8]ここですでに、資料が主題によって分類されている例をみることができるが、この方式は十世紀のイスラーム世界を代表する書誌学者であったイブン・アンナディームにも影響を与えたと考えられている。[9]『ピナケス』やイブン・アンナディームの目録が伝記書誌のかたちをとっていた背景には、書物のタイトルの同一性が確立されていなかったことも理由として考えられる。今日でも、『預言者伝』や『某の詩集』などは、写本や刊本によってタイトルが異なっていることがある。

　中東地域には、イスラーム以前から大規模な図書館が存在したことが知られているが、アッバース朝のバグダード、ファーティマ朝のカイロ、後《こう》ウマイヤ朝のコルドバには、それぞれ数十万冊規模の蔵書をかかえる図書館があったとされる。こうした大規模図書館が

8　澁川雅俊『目録の歴史』（図書館・情報学シリーズ 9）勁草書房，1985，43 頁。
9　イブン・アンナディームについては，コラム 02，04 を参照。

どのように資料を整理していたのかははっきりとはわからないが、今日と同じように図書を主題によって分類し、目録も存在したことがわかっている。

地理学者ムカッダスィー(九四五～一〇〇〇以降)が目撃した、シーラーズのブワイフ朝君主アドゥド・アッダウラ・ダイラミーの図書館は、蔵書を主題によって分類し、分類ごとに別の部屋に分けて保管したこと、また書名が書かれた目録がおかれていたことが知られている。また、哲学者イブン・スィーナー(九八〇頃～一〇三七)の伝記には、サーマーン朝のヌーフ・イブン・マンスールの図書館に、医学書をみるために許可を得てはいったときの逸話がある。ここでも、図書はアラビア語と詩、法学など、主題ごとに数多くの部屋に分けられており、やはり目録が存在したことが記されている。十一世紀以降、主要都市にマドラサ(大学)が建設されると、ここに図書(写本)が集められ、利用された。現在の主要な国立図書館の写本は、これらのマドラサの蔵書や、君主や名士の個人コレクションをもとにしている。

カード目録やOPACのような近代的な目録においては、タイトルや著者名、分類記号などによって目録を並べ変えることができるため、任意の要素によって資料を検索することができる。たとえば、さきにみた『預言者伝』を探すとき、書名や著者名、分類記号、出版者や出版地などの情報から検索することができる。『預言者伝』の日本語訳の正確なタイトルがわからなくても、著者名や翻訳者名から探すことができる。イブン・イスハークやイブン・ヒシャームといった著者名で検索すれば、それぞれにタイトルの異なる複数の日本語訳がみつかるだろう。現代人にとってはあたりまえのようなことだが、目録を作成する人間（または機械）がいなければ、このような検索はできないのである。

現地語資料の検索

日本語訳を頼りに、原書も探してみよう。『預言者伝』のアラビア語原語タイトルは何だろうか。学術的な目的で出版された日本語訳であれば、たいてい、底本とした原典のタイトルや著者名が必ずどこかに書かれている。どの版の校訂本、あるいはどの写本を底本にしたのかによって、当然、翻訳に違いが生じるからである。後藤明ほか訳『預言者ムハンマド伝』の表紙裏には、Sīrat Sayyid-nā Muḥammad Rasūl Allāh と原題がローマ字表記されている。凡例にはより詳しい情報が書かれており、十九世紀に東洋学者ヴュステンフェルトがライプツィヒで出版した校訂本を底本としていることがわかる。

しかし、この Sīrat Sayyid-nā Muḥammad Rasūl Allāh をそのままコピー・

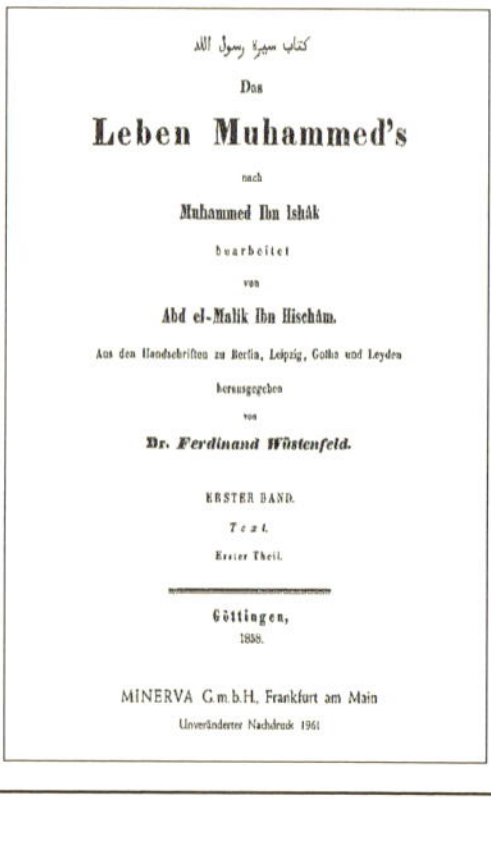
كتاب سيرة رسول الله

Das

Leben Muhammed's

nach

Muhammed Ibn Ishâk

bearbeitet

von

Abd el-Malik Ibn Hischâm.

Aus den Handschriften zu Berlin, Leipzig, Gotha und Leyden

herausgegeben

von

Dr. Ferdinand Wüstenfeld.

ERSTER BAND.

Text.

Erster Theil.

Göttingen,

1858.

MINERVA G.m.b.H. Frankfurt am Main

Unveränderter Nachdruck 1961

سيرة سيدنا محمد رسول الله

صلى الله عليه وسلم

رواية

أبي محمد عبد الملك بن هشام

عن زياد بن عبد الله البكائي

عن محمد بن إسحاق

▶イブン・ヒシャーム編『預言者伝』1858年（1961年再版）の標題紙（左）と，アラビア語テクスト部分の見出し（右）

アンド・ペーストして、CiNii Booksで検索しても、元の日本語訳しかヒットしない。これは、アラビア語などの現地語をラテン文字（ローマ字）にするさいに、研究書や論文で用いる方式と、図書館の目録で用いるそれとが異なるためである。

ラテン文字転写の方式は、欧米の東洋学の歴史のなかで、東洋学者たちが発展させてきたものであるため、研究者や国によって大きな違いがあった。同じラテン文字を使う自国語の音韻体系の影響を受けてしまうことに加え、アラビア語との文字数の違いも混乱の原因となった。

アラビア文字は二八文字からなるが、これらは原理的にはすべて子音字である。母音はa、i、uの三つであり、それぞれ短母音と長母音がある。[10] 英語のアルファベットは五つの母音字を除くと二一文字だから、アラビア語の子音を一対一対応で表現するには足りない。そこでhやsの下に点を付したり、長母音をあらわすために母音の上に横線を付したりした外字が用いられるようになったが、その用法もまた、研究者や出版社によってまちまちであった。今日ではかなり統一が進み、もっとも浸透しているのは、ブリル社の *The Encyclopaedia of Islam* 第三版（二〇〇七年〜　）などに採用されている方式である。これは、同第二版（一九六〇〜二〇〇九年）の方式を改良したもので、以前からケンブリッジ大学出版局の研究書などに用いられていたものである。

[10] 長母音は存在しないという考え方もある。

一方、図書館においては、アメリカ図書館協会（ALA）と議会図書館（LC）による転写方式（ALA-LC Romanization, 俗にLC翻字とよばれる）が普及している。これは *The Encyclopaedia of Islam* の方式に近いものだが、原綴りをより正確に再現できるよう工夫されており、母音や語尾などの転写方式が若干異なる。したがって、さきの Sīrat Sayyid-nā Muḥammad Rasūl Allāh というタイトルは、LC翻字式に Sayyid-nā を Sayyidina に変えて検索すると、ヴュステンフェルト校訂のアラビア語版がヒットする。

なお、ラテン文字で検索するときは、āやḥなどの（アルファベットにない）外字は、通常のaやhにおきかえてかまわない。NACSIS-CATでは、アスキー文字[11]だけで検索できるよう、システム内部で特殊文字を標準的な文字におきかえて正規化したかたちの「検索用インデクス」を自動的に作成し、それによって検索する処理をおこなっているからである。簡単にいえば、āとa、ḥとhを検索上は同じ文字とみなして処理

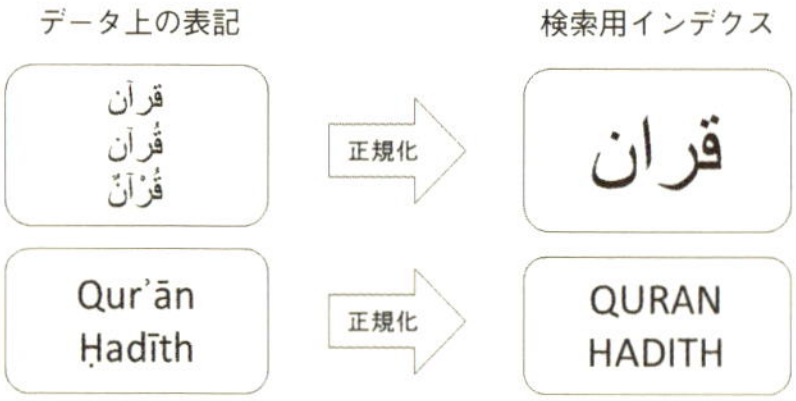

▲アラビア文字とラテン文字の正規化の例　検索時に特殊文字を入力しても，同様に正規化される。したがって，検索上は，ẓāhir=ẓahīr=ẓahir=zahir。

アラビア文字	ラテン文字	アラビア文字	ラテン文字
ا	* 注1	ض	ḍ
ب	b	ط	ṭ
ت	t	ظ	ẓ
ث	th	ع	ʿ
ج	j	غ	gh
ح	ḥ	ف	f
خ	kh	ق	q
د	d	ك	k
ذ	dh	ل	l
ر	r	م	m
ز	z	ن	n
س	s	و *	w
ش	sh	ي *	y
ص	ṣ	ه	h

▶一般的なアラビア語転写の例　（注1）のアリフ文字は通常子音としては翻字しない。（＊）の３文字は長母音を表現するのにも用いられる。

するということである。これにより、たとえば本来異なる単語が同じものとしてあつかわれるケースもあるが、こうした処理が施されていなければ、検索はより困難になっているだろう。逆に、特殊文字を使った場合と使っていない場合の検索結果を比べてみて、違いがあるようならば、その文字は正規化されていないと考えられる。

　翻字での検索は、翻字規則を覚える必要があるが、これは利用者にとってはハードルが高く、アラビア文字のままで検索できるシステムを求める声がつねにあった。東洋文庫では、一九七四年という早い時期から、タイプライターやマッキントッシュ・パソコンを使って、アラビア文字による目録を作成してきた。二〇〇〇年にWindows 2000が発売され、Unicode[12]による多言語機能や、それをカバーするフォントの実装によって、ウィンドウズ機でもアラビア文字が簡単に使えるようになったことを受け、国立情報学研究所では、二〇〇三年からＮＡＣＳＩＳ－ＣＡＴでのアラビア文字による目録作成を始め、同時に、それ以前にラテン文字のみで作成されていた書誌レコードのタイトル部分を、一括してアラビア語に変換した。そのさい、ラテン文字に転写されたタイトルは、タイトルの「その他のヨミ」として残された。さらに二〇〇四年から遡及入力事業をおこない、大学図書館などの未整理のアラビア文字資料の多くがＮＡＣＳＩＳ－ＣＡＴに登録された。こうして、ラテン文字とアラビア文字の両方で多くの資料が検索できるようになった。

11 ASCII（American Standard Code for Information Interchange）は，1960年にアメリカの規格として開発された文字コードで，英語を書くのに必要な英数字と＄や％などの記号からなる。この文字セットに含まれる文字をアスキー文字とよぶ。

12 ユニコードは，世界中の文字をおさめることをめざして開発された文字コード規格。2013年9月に公開されたユニコード標準のバージョン6.3では，100のスクリプト（文字体系）をカバーする110,187文字が定義されている。

Column #03

現地語史料の日本語訳を探すには

日本語に翻訳された現地語史料にはどのようなものがあるだろうか。その全容を知りたいと思っても、図書館のOPACで翻訳だけを検索・抽出するのは、じつは難しい。現地語史料の日本語訳は、量の面では欧米語訳とは比べものにならないとはいえ、単行本のほかに、雑誌などに掲載されたものも含めれば、かなりの量になるはずである。日外アソシエーツ刊行の『翻訳図書目録』や『全集・合集収載 翻訳図書目録』といった冊子体の目録を使うのも正攻法だが、ここではコンピュータを使ってつねに新しい情報が得られる検索の仕方を考えてみよう。

図書として刊行された翻訳を探すならば、国立国会図書館の蔵書検索システムであるNDL－OPAC(http://opac.ndl.go.jp/)を使うと網羅的に検索できる。詳細検索画面で、本文の言語をjpn(日本語)、原文の言語をara(アラビア語)、per(ペルシア語)、tur(トルコ語)などに指定すれば、各言語からの翻訳書を探すことができる。

翻訳を多く含む叢書(シリーズ)名で検索する方法もある。岩波書店の「イスラーム古典叢書」(一九七八～八七年)にはイブン・ハルドゥーン『歴史序説』など六タイトル、「イスラーム原典叢書」(二〇一一年～　)は『預言者ムハンマド伝』を含む六タイトルがあり、ほかに「関西大学東西学術研究所訳注シリーズ」や、平凡社「東洋文庫」などにも重要著作の翻訳が含まれる。

大学紀要や学会誌などの雑誌や新聞、あるいは多数の著者による論文集や史料集などの一部として収録されたものも数多くある。史料集で重要なものには、歴史学研究会編『世界史史料』(岩波書店)がある。古代から現代にいたる重要史料を抜粋翻訳・解説しており有用である。第二巻はイスラームの初期から十八世紀まで、第八巻では、十八世紀末から二十世紀初頭までの史料を多数収録している。国立国会図書館サーチで検索すると詳細な目次がみられる。また、翻訳集は、古いものでは筑摩書房の「世界文学大系」の『アラビア・ペルシア集』がある。イブン・イスハーク『マホメット伝』、ジャーヒズ『けちんぼども』などの抄訳が含まれる。これらを網羅的に検索するのは難しいが、東洋文庫研究部イスラーム地域研究資料室が公開している「日本における中東・イスラーム研究文献データベース」を使い、標題のところに「訳」といれるとかなりの翻訳がヒットする(ただし、標題に訳の語がはいっていないものはヒットせず、訳本の書評なども含まれる)。

現地の新聞記事にも日本語で読めるものがある。東京外国語大学の「日本語で読む中東メディア」のウェブサイトでは、二〇〇五年から、学生や教員が翻訳したアラビア語、ペルシア語、トルコ語の主要紙の記事が蓄積・公開されており、キーワード検索ができる。

しかし、コンピュータならではの問題もある。手書きやタイプライターの文書では、あとから母音符号を付与したり、行間に文字を挿入したりすることが自由にできるが、コンピュータでは、ちょうど銀行の振込用紙などで濁点を一文字としてあつかうのと同様に、文字の上下に付される発音符号や空白なども文字としてあつかうため、同じ単語でも符号の有無によってまったく別の文字列として認識されてしまう。アラビア文字の発音符号(シャクル)には、a、i、uの母音のほか、無母音や重子音などを示すものがあり、子音字ひとつにつきそれらのひとつあるいは複数がつく可能性を考えると、その組合せは膨大な数になる。したがって、NACSIS-CAT系の(CiNii Booksを含む)検索システムでは、これらの符号を取り除いたかたちで検索用インデクスを生成し、それによって検索する方法をとっている。

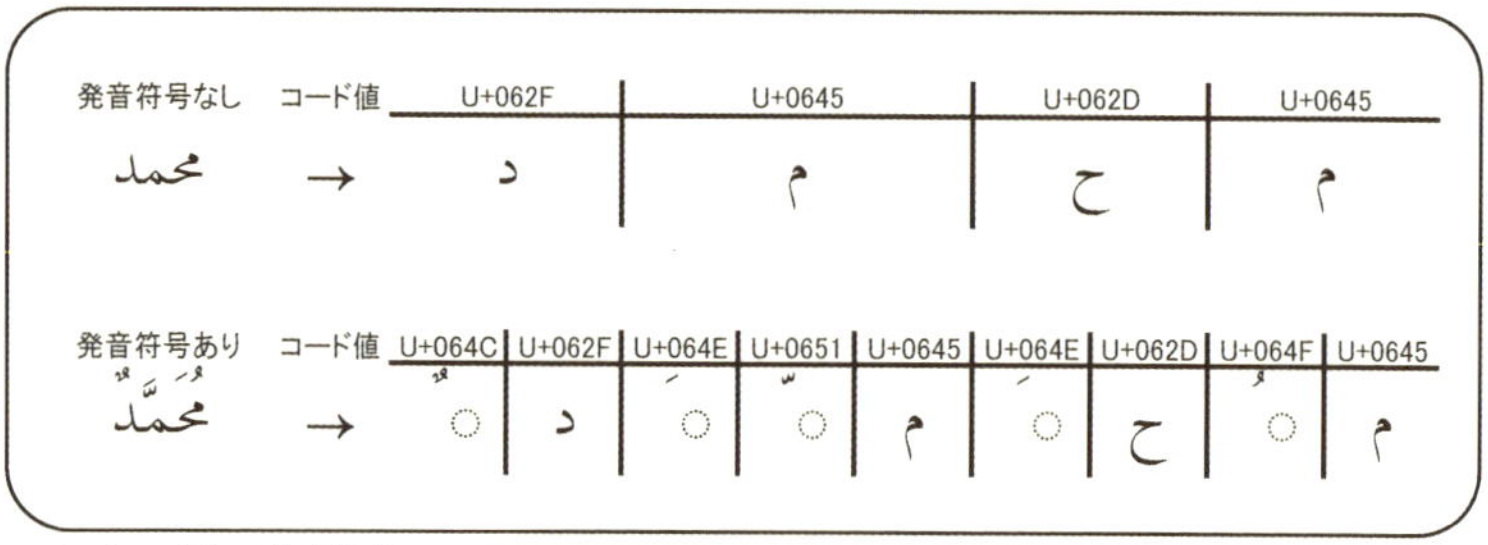

▲ムハンマドという名前をアラビア文字で表記した例
コード値はUnicodeのもの。符号をつけるとコード上はまったく別の文字列になってしまう。

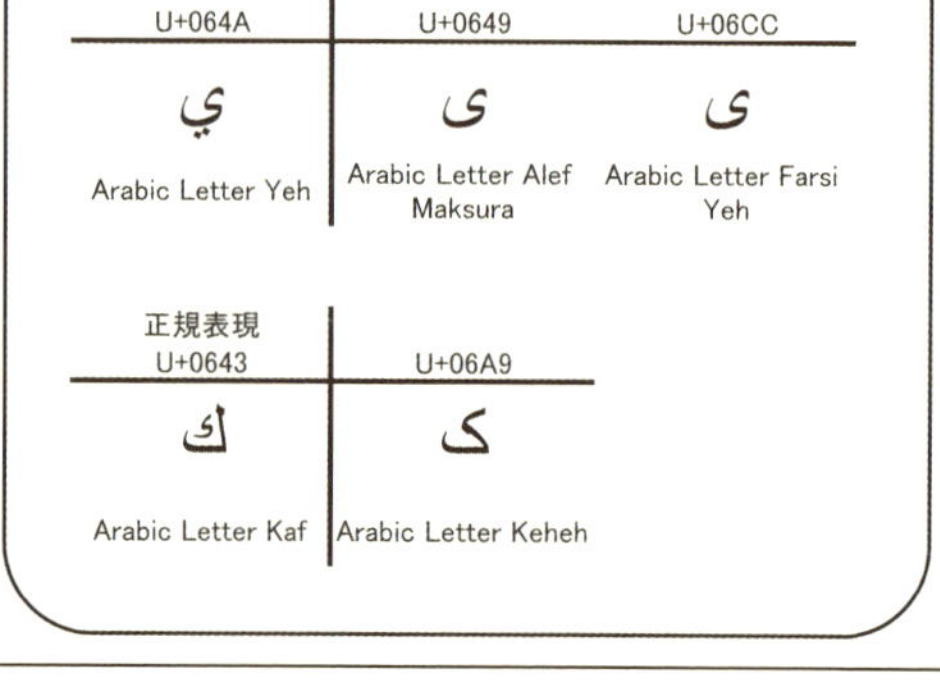

▶正規化処理の必要な文字の一例　Unicodeでは，これらは異なる文字としてあつかわれ，別のコード値が割りあてられる。

また、ユニコードにおいては、手書きや活字印刷の時代にはたんなる字体の違いと認識されていたものが、別の文字として登録されており、アラビア語で用いられるカーフ文字(ك)と、ペルシア語やウルドゥー語で用いられるカーフ文字(ک)は別のコードを割り当てられている。また、ヤーの文字についても、尾字形で下に点のつく一般的なアラビア語のヤーと、尾字形で下に点のつかないペルシア語のイェ、それとまったく同じかたちのアリフ・マクスーラが別の文字として登録されているため、これらに正規化処理がおこなわれていなければ検索はとたんに難しくなる。簡単に検索ができるようになっていることの裏には、こうした技術的な工夫があるのである。

史料でみる「最初の啓示」

最初の啓示の逸話の部分を、実際の史料でみてみよう。教科書や一般書や事典類で得られる情報とどのように違うだろうか。[13]

まず一般書との大きな違いは、先述のイスナードの部分が省略されずに残されていることである。ひとりの語り手が語る物語調の読み物とは異なり、それぞれに情報源が異なる伝承を集めたものであることがわかる。ここで、洞窟でのできごとの場面を、後藤明ほか訳『預言者ムハンマド伝』から引いてみよう。なお、ここで「神の使徒」とあるのは預言

[13] 該当箇所は，アラビア語原典はヴュステンフェルト版1巻151頁以降，アッサッカーほか版233頁以降にあたる。日本語訳は岩波書店版『預言者ムハンマド伝』では1巻229頁以降，座喜純・岡島稔訳『預言者の生涯』新装版第1巻では256頁以降(旧版は271頁以降)にあたる。

者ムハンマドのことをさしている。

ついに神が使徒を召命した年の、神が使徒に恩寵を授けた月になった。

その月とはラマダーンである。

神の使徒は、例年通りお籠もりをしにヒラー山へ出かけた。家族も一緒だった。

とうとう、神が恩寵により使徒を召命し、人類に慈悲をかけた夜になった。神の命をたずさえガブリエルが使徒を訪れた。

神の使徒は言った。

私が眠っていると、彼〔ガブリエル〕は、文字の書かれた錦の布〔あるいは、書付の入った錦の袋〕を持って私の前に現れ、「誦《よ》め」〔音読せよ〕と言った。私が「何を誦むのか」と言うと、その布で私の首を締め上げたので、死ぬかと思った。彼は私を放し、「誦め」と言った。私が「何を誦むのか」と言うと、私の首を締め上げたので、死ぬかと思った。彼は私を放し、「誦め」と言った。私が「何を誦むのか」と言うと、私の首を締め上げたので、死ぬかと思った。彼は私を放し、「誦め」と言った。私は「いったい何を誦むのか」と言った。そう言ったのは、二度と同じ目にあわ

▶天使によるムハンマドへの啓示　坂本健一『麻謌末』(博文館, 1899)の挿絵(北蓮蔵画)。「光明忽焉へウ山中に盈ちて天上の神使ガブリエール天神の聖意を齎らして降り」と述べる。

されたくない一心からだった。

彼は言った。誦め、「創造主であるお前の主の名において。主は、凝血から人間を創造した」。誦め、「お前の主は寛大このうえなく、ペンで教えた。人間に未知なることを教えた」。

私はそれを誦んだ。誦み終わると、彼は私から去った。私は眠りからさめたが、それ〔啓示〕は心に書きこまれたかのようだった。

（『預言者ムハンマド伝』一巻、二三一頁）

ここからは、神が使徒を召命したのがラマダーン月であったこと、このとき、ヒラー山の洞窟でガブリエルがあらわれ、「誦め」に始まる啓示がくだされたこと、そしてこれは夢のなかで起こったということがわかる。しかし、これが最初の啓示かどうかは、文脈からはそのように読めるが、はっきりとは語られていない。このあとの部分で、イブン・イスハークは、啓示の始まりがラマダーン月であったと述べているのだが、これは、洞窟の場面の前に挿入されている、ムハンマドが受けた「最初の預言者の徴《きざし》」が、「真実を告げる夢」であったというアーイシャ（ムハンマドの妻のひとり）の証言を受けて、洞窟でのできごとが最初の啓示であると解釈してのことであろう。『預言者伝』が伝えるアーイシャの証言では、最初の「預言者の徴」（nubuwwah）となっているので、啓示との同一性は断言できないが、ほかのハディース集にも類似の証言が記録されており、ムスリムのハディース集『サヒーフ』では、当該個所は最初の「啓示」(waḥy)と記されている。

さらに『預言者伝』はつぎのクルアーンの章句を引用している(『預言者ムハンマド伝』一巻、二三五頁)。

ラマダーン月は、コーランが下された月。人びとのための導きとして、導きと善悪の基準《フルカーン》との明らかな徴として。
〔クルアーン二章一八五節〕

我ら〔神〕はこれ〔コーラン〕を定め《カドル》の夜に下した。
〔同九七章一節〕

ハー・ミーム。解き明かす書〔コーラン〕にかけて。我ら〔神〕はこれを祝福された夜〔定めの夜〕に下した。
〔同四四章一〜三節〕

ここで「定めの夜」と訳されているのはアラビア語でライラト・アルカドルといい、「御稜威《みいつ》の夜」などとも訳される。ここから、クルアーンがくだされたのは、ラマダーン月の御稜威の夜であったことがわかる。ムスリムの『サヒーフ』にも、同様のエピソードを伝えるハディースが収録されている(『日訳サヒーフムスリム』一巻、一一八〜一一九頁)。

さきに述べた、別の章句が最初の啓示だったとする説は、『預言者伝』にはなく、ハディースによるものである。ムスリムの『サヒーフ』には、「マントにくるまる者よ」に始まる七四章一〜五節を最初の啓示であるとする伝承と、洞窟での最初の啓示(九六章)ののち、しばらく啓示が中断され、その後はじめてくだされた啓示であるとする伝承とが併記されている(『日訳サヒーフムスリム』一巻、一二〇～一二一頁)。

なお、シーア派を国教とするイランでは、御稜威の夜とは別に、「預言者の召命日」という祝日を設けているが、ラマダーン月の御稜威の夜ではなく、ヒジュラ暦の七月にあたるラジャブ月の二十七日である。シーア派が依拠するハディースには、この日が召命日だとするイマームの伝承が含まれるために、のちの法学者たちは、ラジャブ月の召命日とラマダーン月の御稜威の夜を区別するためのさまざまな理論を生み出した。それらはいうなれば後付けの解釈であるが、逆にいえばどのハディース(史料)にもとづくかによって、歴史も変わりうるということである。史料の解釈や歴史上の事実といわれるものは決して固定されたものではない。だからこそ、史料を調べ、研究する必要があり、謎をつきとめる楽しみがあるのである。

広がるデジタル・ライブラリー

ここまで、刊行された図書を使ってきたが、原典史料を参照してさらに校訂について疑問が生じれば、写本を参照する必要がある。現地の図書館などに行って写本を閲覧する方法については、第4章「現地語資料の入手」を参照されたい。ここでは、近年充実が著しいデジタル・ライブラリーについて紹介しよう。運がよければ、求める写本や文書が自宅にいながらにして閲覧できるかもしれないという利便性に加え、デジタル化には別の重要な役割もある。

イスラーム写本が多く存在するのは、当然ながらアラブ諸国やイラン、トルコといったイスラーム地域である。これらの地域では、国立の主要な文書館や図書館に写本が集められていることが多く、新たに発見されたり、持ち主を失ったりした民間所蔵写本などを積極的に収集している館もある。

しかし、紛争や災害による散佚《さんいつ》の危機にさらされているコレクションも少なくない。よく知られるのはマリ共和国のトンブクトゥにある貴重なイスラーム写本群である。トンブクトゥは、かつてサハラ砂漠の交易の中継点として、十五～十六世紀に隆盛をきわめた都市である。マリ帝国がイスラーム化した十三世紀から二十世紀初頭までのアラビア語写本がこの地域の民家や図書館に現存しており、その数は七〇万点以上ともいわれ、世界でも有数の貴重なイスラーム写本のコレクションである。二〇一二年の反政府勢力の反乱とクーデタ以降、衝突が続き、いかにしてこれらの写本を焼失や破壊から守るかが課題となっている。

かつては欧米列強の東洋学者や商人が現地で集めた写本を本国に持ち帰ることがあたりまえのようにおこなわれていた。今日、ほかの多くの国同様、イスラーム地域の多くの国もユネスコの文化財不法輸出入等禁止条約を批准しており[14]、文化遺産である写本の持ち出しを固く禁じている。そうでなくとも、財力にまかせて貴重な史資料を他国に流出させることの道義的な問題が問われる。そうしたなかで、写本を収奪するのではなく、場合によっては現地での保存や整理に協力もしながら、デジタル化することで広く利用に供する試みがおこなわれている。デジタル化して共有しておけば、万が一原本が散佚した場合にも、多くの情報がそこなわれずにすむ。

近年広がっているデジタル・ライブラリーの普及は、こうした保存を目的とした活動から、データの利用によりいっそう重点をおいたものになっており、デジタル化した画像は、著作権などの問題がないかぎり、インターネット上で公開することが以前よりも当然のことになりつつある。デジタル・ライブラリーの例をいくつかあげよう。

一九九六年設立のインターネット・アーカイブ（http://archive.org）は、元来インターネット上のリソースの保存を目的としていたが、やがて図書館資料や音声・映像資料などもアーカイブ化するようになった。著作権の切れた洋書や、アラビア文字の写本なども収蔵する。

二〇〇八年設立のハティ・トラスト・デジタル・ライブラリー（http://www.hathitrust.org）は六〇以上の研究図書館（大学図書館を含む）の協力による。グーグルブックスやイン

14 正式名称は「文化財の不法な輸入，輸出及び所有権移転を禁止し及び防止する手段に関する条約」。1970 年にユネスコで採択，72 年発効。同条約で不法な輸出入が禁止される文化財には，「単独で又は一括されることにより特別な関心（歴史的，美術的，科学的，文学的その他の関心）の対象となる希少な手書き文書，インキュナブラ，古い書籍，文書及び出版物」も含まれる。

ターネット・アーカイブによってデジタル化されたものも含んでいる。ヴュステンフェルト版『預言者伝』も全文画像でみられる。

二〇〇九年に設立されたワールド・デジタル・ライブラリー(http://www.wdl.org)は、ユネスコとアメリカ図書館協会によって運営され、イスラエル国立図書館、イラク国立図書館・公文書館、エジプト国立図書館・公文書館、新アレクサンドリア図書館、キング・アブドゥッラー科学技術大学などの中東の機関も参加しているデジタル・ライブラリーである。数百点のアラビア語の写本のほか、図書、雑誌、新聞、画像や写真なども含まれる。

そのほか、イスラーム写本を所蔵する欧米の大学図書館などでも画像公開をおこなうところがふえており(Islamic Manuscript で検索されたい)、現地の図書館でも、イランの議会図書館のように、独自に写本のデジタル化と無償公開を進めているところもある。

また、国内にも東京大学や京都外国語大学にまとまった量のイスラーム写本が存在する。東京大学東洋文化研究所のダイバーコレクションのサイトでは、ハンス・ダイバー氏旧蔵のアラビア語写本約五〇〇点が公開されている。

インターネット・アーカイブにみられるような、図書や写真、音声、動画、ウェ

▶**文書のデジタル化作業**
オスマン文書館での文書史料の撮影風景。デジタル技術の普及により，各国で史資料のデジタル化が進められている。

ブサイトといった、メディアの形式をこえたアーカイブの構築は、ひとえにコンピュータとデジタル記録技術の向上によって可能になったといえるが、共有することの価値が認められてきていることの意味も大きい。こうした動きは今後も飛躍的に進展すると予想される。いつの日か、自宅にいながら、あらゆる写本を参照できるようになる日がくるかもしれない。

（徳原靖浩）

第4章　現地語資料の入手

現地語資料へのアクセス

本章では、現地語資料の入手をあつかう。現地語資料とひとことでいっても、そのなかには書籍（刊本）もあり、写本（手稿本）もある。また、書籍にも研究の一次資料をはじめ、研究書、語学書・辞書などのいわゆる工具書までさまざまなものがあるが、本章ではこれら全般の入手から利用までの流れをみていきたい。

一昔前まで、日本ではイスラーム地域の現地語資料へのアクセスは容易ではなかった。国内の所蔵数が絶対的に少なく、書籍であっても国外の図書館に複写を依頼するか、研究者の個人蔵書を借り受けるかしかないということもあった。これは、現地語資料のおもな出版国であるイスラーム地域、とくに中東地域の物理的な遠さと、流通・通信経路の未発達、渡航者の少なさゆえで、双方をつなぐラインが脆弱《せいじゃく》だったからである。

近年は、運輸・流通、そして通信の発達によりこのラインが徐々に充実してきている。

国内図書館の現地語資料所蔵数も急速に増加しており、現地語写本の閲覧・収集も難しい話ではなくなってきた。現地へ行かずに入手できる資料もふえ、東南アジアで出版されたアラビア文字図書のように、日本の研究者・研究機関によって収集・整理され、世界有数のコレクションとなっているものもある。[1]

現在利用できる多彩な手段を効率よく組み合わせれば、少ない労力で大きな成果をあげられるはずである。だが、現実にはなかなかそうはいかず「資料収集での大失敗」も少なくない。いまなお、現地語資料収集には面倒も苦心も絶えない。けれど、だからこそ資料を入手したときの喜びも大きい。資料とそれにかかわる社会を知っていくことで、効率のよい、また質の高い資料の収集は可能になる。そしてさらに学ぶことがおもしろくなる。

アラビア語書籍を買う

最初に、筆者自身が十二世紀末に書かれたイブン・アルアズラク・アルファーリーキーの『マイヤーファーリキーンとアーミドの歴史』のアラビア語写本を読んだときの経験をあげたい。この資料は、トルコ東南部ディヤルバクル地方とその周辺の歴史を記したもので、とくに十二世紀のイラクからシリアまでの地域については他資料にない貴重な情報を多く含む。十字軍史研究においても有益な資料のひとつに数えられており、現存写本の後

1　上智大学アジア文化研究所にて収集された東南アジアのキターブ・コレクションは約1900タイトルからなる。2013年現在，本コレクションは上智大学アジア文化研究所図書室に収蔵されており，以下の目録も刊行されている。Kawashima Midori et al. eds., *A Provisional Catalogue of Southeast Asian Kitabs of Sophia University,* Tokyo: Institute of Asian Cultures-Center for Islamic Studies, Sophia University, 2010.

半部、アルトゥク朝期[2]の記述のほとんどは、イギリスのヒレンブランドによって校訂され、英訳とともに刊行されている。[3]

ヒレンブランドは大英図書館所蔵の二つの写本をもとに本書の校訂を進め、一方の写本が途切れた時点(一一五四年)で校訂をやめた。しかし、未校訂の部分には一一七六年頃まで記述があるので、その部分の複写を取り寄せて読んでみることにした。明瞭な筆致に助けられ、手書き文字の読解には思ったほど苦労しないですんだが、判読で困ったのは地名である。同時代の地誌をもとにだいたいの地名はわかったものの、小さな町や村はどこにあるのかよくわからない。同時代の地誌や年代記にはディヤルバクル地方の記述そのものが少なかったので、時代を問わずこの地域周辺をあつかった旅行記や地誌・地図を探してみることにした。探していくうちにわかったのは、この周辺の地名情報を多く含むのは、ディヤルバクルないしは近隣のジャズィーラ地方(イラク)の地方史研究か、十九〜二十世紀前半のヨーロッパの東洋学者らの旅行記だということである。現代の研究や地図は、情報量は多くても地名変更があったため案外使いにくい。また、東洋学者による記述にも問題がみつかった。地名が耳で聞いたとおりにローマ字で書かれているので、アラビア文字で書かれた地名と同じかどうか判断が難しいのである。アラビア語で書かれた、適切な資料をみつけださないことには、よくわからない地名に満ちた資料を読みつづけることにな

2 アルトゥク朝は12世紀にマイヤーファーリキーン，マールディーン，アーミド(ディヤルバクル)といった都市を拠点としてディヤルバクル地方を支配した。

3 Carol Hillenbrand, *A Muslim Principality in Crusader Times: The Early Artuqid State,* [Istanbul]: Nederlands Historisch-Archaeologisch Instituut te Istanbul, 1990.

ってしまう。この懸念が、筆者を現地語資料探しに駆りたてた。ひとつの資料を読むためには、その数倍の資料が必要になる。

もちろん現地語の書籍の楽しみは研究にかぎらない。美しい装丁の書籍も多い。前近代の資料(史料)の校訂本などでは豪華な金の縁どりのなかに流麗な書体で題字が記されたものもあり、装飾も含めた芸術として発展したアラビア書道の一作品をみるようだ。正則(標準)アラビア語で書かれた子ども向けの絵本はアラビア語の初級読解の教材として使えるが、これもまた書体装丁ともにかわいらしく、集めていて楽しい。仕事上の必要から購入することもふえて、いろいろな書籍を探しまわることになった。

日本国内ではアラビア語などの書籍をあつかっている書店は、まだ小規模な専門書店にかぎられている。これらの店でみつからない現地語資料を入手する場合、インターネットをとおして購入するか現地に赴くということになる。

▲『マイヤーファーリキーンとアーミドの歴史』未校訂写本複写版(British Libarry, OR5803)　マイクロフィルムからの複写の一部。文字は明瞭で読みやすいが，朱文字部分はわかりにくい。

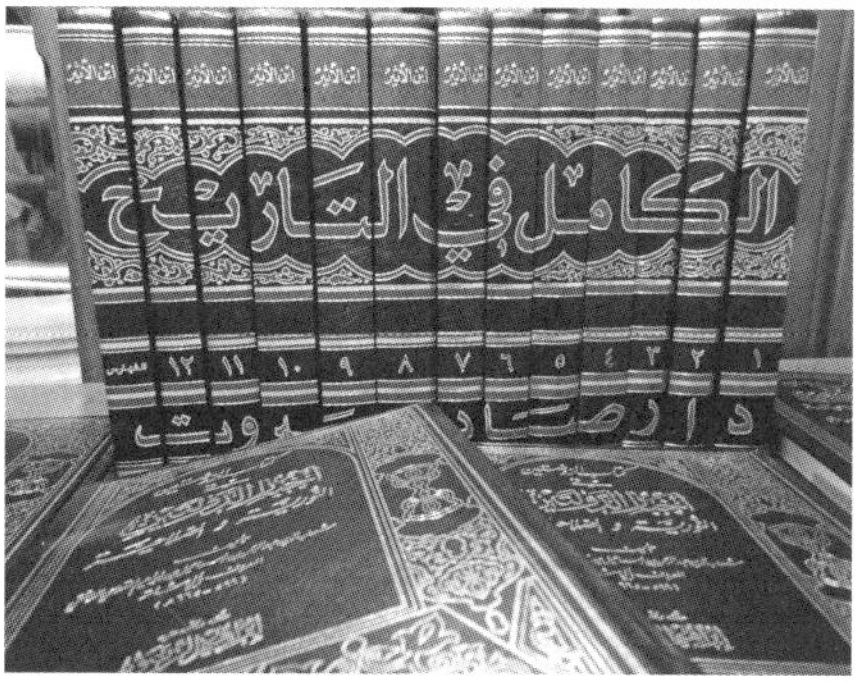

▲**アラビア語書籍**　さまざまな書体や装飾があり，みていて楽しい。写真上部の13巻本の書籍(イブン・アルアスィール『歴史における完全』)は，全巻そろえて並べると背表紙の図案がつながり，タイトルが大書されているのがわかる。近年の多巻本に多いデザインである。

インターネットの普及によってアラブ世界でも書籍販売サイトがつぎつぎに誕生している。著者インタビューや書評も掲載した書籍総合ポータルサイトも登場し、内容的にも多様で充実してきている。また、出版社が自社サイトを開設しはじめ、そこから連絡・購入する道も開けてきた。筆者もこれらのサイトを利用して資料を入手したことがあるが、総合書店サイトの多くは、購入手続きもamazonなどと変わらず発送も迅速である。小さな版元との取引の場合は、メールでやりとりすることもある。近年の出版物には、奥付に出版社のURLが記載されていることがあり、ここからアクセスすることも可能になった。

ただ、現況からいえば、インターネットをとおした取引には限界がある。広大なアラビア語圏の膨大な資料群をこれらのサイトがカバーし切れないからである。新刊でさえ出版国の書籍販売サイトや出版社サイトをこまめにあたらないとみつけられないことがある。また、中古本や絶版本の需要は依然としてあるにもかかわらず、これらはインターネット書店ではごく一部しかあつかっていない。このような事情から、資料を必要とする人は現地の書店に資料探しにでかけることになる。

アラブ世界の書店

アラブ諸国の書店は、日本のそれと比べると概して規模が小さい。専門書店と総合書店とに分けると、近年は多様なジャンルを網羅する総合書店がふえてきており、紀伊國屋書店のようにドバイに支店を開く日本の書店もあらわれた。日本同様に、新しい総合書店では在庫データをパソコンに蓄積・整理するようになってきている。

エジプトやレバノンなど出版大国の刊行物は、アラブ世界の文化的・経済的交流を反映して、ほかのアラブ諸国でもよくみかける。ただし、いっぽんに書店は自国および周辺国の出版物を中心にそろえており、扱い書籍に地域差があるので、やはり収集にあたっては出版国の書店を探すのが近道といえるだろう。問題は、紛争や内戦によって当該国への入国が難しい場合である。非常に残念な事態だが、周辺国で当該国との交流のある書店を探してみるほかはない。

この問題を多少緩和できるのが、国際ブックフェアである。エジプトのカイロ国際ブックフェアが大規模かつよく知られているが、アラブ諸国の主要都市では、年一回程度、国際ブックフェアが開催され、国外からも多くの書店が出店する。数百の書店が一堂に会し、また割引価格での販売もおこなわれるので、国内外の研究者や学生が資料収集に訪れるほか、書店も買い付けにやってくる。

このようにいうと、専門的なフェアのような印象を受けるかもしれないが、実際に足を運んでみると国際ブックフェアはかなり祝祭的な空間で、要はお祭りである。数百のブースがひしめきあうフェア会場は見取り図やカタログがないとどこに何があるのか見当もつかない。それらにまざって飲食物の販売もあり、家族連れの姿もみられておもしろい。とくに本好きでなくても、人生のどこかで本と縁のある人同士がとにかく楽しむ場という印象が強い。数年前、筆者がダマスクス国際ブックフェアを訪れたときは、料理書のブースに女性客が集まって熱心にレシピブックを吟味している光景がみられた。レバノンの書店のブースにはいり値段の交渉を始めようとしたら、交渉役としてでてきたのが顔見知りのダマスクスの書店員だったということもある。書店同士のつながりがある場合は、現地(ダマスクス)の書店にブース管理をまかせるケースもあったようだ。多くの人びとにもまれながら、一般書も専門書も、新刊も、だいぶ以前に刊行された古典や辞書なども、運と体力と交渉次第で一気に購入できる。それが国際ブックフェアの魅力である。

国際ブックフェアの開催は、カイロであれば冬季、ダマスクスであれば夏季と毎年ほぼ会期が決まっているが、ラマダーン(イスラームの神聖月にあたり、日中の斎戒断食が奨励される)を避けるなどで大幅に会期が動くこともあるので、資料探しに利用するときは数カ月前から主催機関(当該国の文化省など)のサイトで日程をチェックをしておいたほうがよい。なお、ブックフェアにかぎらず、探書の

▲アラブの書店　ダマスクスの書店の看板。手書き風の日本語表記は，日本人顧客が手伝って書いたものと思われる。

▲国際ブックフェア　世界各国の書店がブースを出し，掘り出し物も多い。研究者，書店，家族連れなど多くの人でにぎわう。

さいには、アラビア語で書いた書籍リストをつくっていくべきである。研究書のビブリオグラフィーなどをもとにしてつくったローマ字転写のリストは、和書のタイトルをローマ字で書くようなもので、書店側には読みにくくわかりにくいからである。アラビア文字には日本語のヘボン式ローマ字綴りのような統一されたローマ字転写方式がまだ確立(普及)していないこともあり、一般的にアラブ人はローマ字転写のアラビア語を読み慣れていない。

フェア以外に、アラブ世界の書店で資料収集をおこなうとき、まず困るのは書店そのものがなかなかみつからないことである。前述したようにアラブ世界の書店はたいてい小規模で、営業時間もまちまちである。カイロやダマスクスなど日本人留学生が比較的多い都市では、店名・場所・扱い書籍分野・営業時間・電話番号が記載された市内書店案内が作成され、インターネットでも公開されている。[4] これらはまさに足で調べたデータの集積である。

このような書店案内も利用してめざす書店にたどりつくと、その規模の小ささに少し驚くだろう。もちろん、書店の大半は店舗のほかに書庫をもっているので、一見の印象ほど収容能力は低くない。それにしても日本のメガブックストアをみなれた身にはずいぶん頼りなく思われる。

[4] カイロについては，日本学術振興会カイロ研究連絡センターから『カイロ書店案内2004』が刊行され，インターネット上でも掲載情報をみることができる(アジア研究情報ゲートウェイ内「カイロ書店案内」, URL：http://ricas.ioc.u-tokyo.ac.jp/asj/html/guide/cairo/c_s_f.html)。2011年以降の情報更新版は「カイロ書店案内2011年度～更新版」として公開されている(URL：http://jspscairo.com/egyptinfo/bsguide/index.htm)。ダマスクスの書店については『イスラム世界』44号，1994に「ダマスクスの書店案内」が掲載されているが，以降の情報更新はなされていない。

Column #04

中世の書店と愛書家

複製の手段が筆写しかなかった頃、書籍は高価であった。製紙法が導入され、獣皮紙ほどの労力は不要になったとはいえ、一冊の本をつくるには書写・校訂・製本・装丁の工程が必要であり、優れた知識人の手が求められたからである。筆写や校訂は知識人や学生の重要な生計の手段のひとつだった。

そこで優良な書籍を多く所有することは、物心両面の豊かさをはかる指標となり、九世紀以降、アラブ世界各地では所有者たちの教養と力を誇示するかのように、つぎつぎと図書館が建設された。人びとは知的関心に応じて本を手にとり、高価にもかかわらず書籍の需要はますます高まっていったのである。書籍商の店舗には書籍を求め、あるいはその製作にかかわるかたちであまたの知識人が行きかった。当時のバグダードには書店が一〇〇以上あって、人びとの集う店頭は書籍製作・販売だけではなく講義や討論、知識をやりとりする場として機能した。

十世紀に、アラビア語書籍を網羅した総合目録『目録の書』(フィフリスト)を著したイブン・アンナディームは、バグダードの書籍商の家に生まれた。『目録の書』の膨大な書誌情報を整理し系統立てて配列していく構成は、たしかに書籍を「あつかう」書籍商の手並みを思わせる。実際書籍商の実務を知る者ならではの知見も随所にみられるが、加えて彼はすべての著者について伝記を述べられるほどの教養をもつ学識者であった。『目録の書』で、彼は師事した第一級の知識人たちに言及しており、外来の科学に造詣が深かったイーサー・イブン・アリー(九一四/五〜一〇〇〇/一)の知的サークルに加わり、哲学者の講義などを聴講したことも述べている。彼の学問的教養をつちかった交友からは、書籍にかかわる人びとの活発な交流ぶりをみることができよう。

書籍への熱狂を支えた存在として一頭群をぬくのが文豪ジャーヒズ(七七六〜八六八/九)である。醜悪な容貌と博覧強記で鳴らした彼は多くの逸話を残しているが、ヤークートの『文人辞典』は無類の本好きという側面を伝えている。ジャーヒズは一度読み始めると読み終わるまで本から手を離さない、筋金入りの本の虫で、朝から晩まで本まみれ、書籍商の店舗に間借りして夜間は店の見張りをしていたという。彼は書店を訪れる人との会話から情報を吸収しながら、豊かな知識を披露し優れた書籍をものした。自身があふれる書籍の源泉であり、人と書籍と知見をつなぐ一大メディアだったのである。

ジャーヒズは倒壊した蔵書群の下敷きになって死んだといわれる。九十余年の長い人生に、書物を書き、買い、読みふけった本まみれの文豪を、本まみれのまま神は召した。

総合書店をはじめ、ある程度の規模をもつ書店はジャンル別に棚を分けており、棚の上部をみてみると「歴史」「言語」「法学」「医学」などと書いてある。これに対して小規模の専門書店は、最初は少しとっつきにくい印象をもつだろう。店内に未製本の本が雑然と積み上げてあるところもあって、足を踏みいれた瞬間どうしたらいいか困ってしまう。しかし、店にはいって腰を落ち着けてみると、店の価値はその規模や棚の並びだけでは決まらないと気づくに違いない。もうひとつの重要な要素、店主と客たちがいる。

書店での資料探し

ダマスクスのある書店にかよい始めて、その店と店主に惹きつけられた人が、店主のインタビュー・レポートをインターネット上に発表している。サルマー・アルヒラーリー「アブー・ウバーダがいれば世界はまだ大丈夫」(http://www.helali.net/salma/ar/articles/obadah.htm)は一書店にかんするレポートながら、アラブの書店の役割やその雰囲気をよくあらわしている。

彼女ははじめて来店したとき、あまりいっぱんに知られていない本を探していた。すると店主はすぐに電話で商売仲間たちにあたって、その本を探し出してく

◀▲書店の棚　総合書店などの書棚にはジャンル別のラベルがある。上は「セルジューク朝史」の棚。左のようにラベルがない場合は，店の人に探求本の説明をして探してもらう。

れたという。その後も店を訪れた彼女は、まもなく店主の知識量に感心するようになった。彼は客の関心に応じて「もう知っているだろうけど」とさらにさまざまな資料を取り出し、版や注釈や校訂についてどれが優れているかまで論じるのである。彼女は、自分とおなじように資料を探す人びとが、彼を頼って来店するさまをつぎのように記している。

だから彼のこの小さな店に来客のないときはめったにない。この店は、文化的なマクハー（コーヒーショップ）か、研究者や読書人や知識人や文化人があまた集う休憩所のようなものだ。彼らはぎゅうぎゅうに詰めあって古い年代物の木の小さな椅子に腰かけ、論じあったり話しあったり、紅茶を飲んだり菓子を食べたりしている。

この店主の仕事すべてが一般的に書店の役割というわけではない。たとえば、「〇〇はありますか」とたずねると「ない」とそっけなく答えるだけの書店も多く、探書までは引きうけない。しかし、探している書籍がよくみつかる書店には、頻繁に来店する常連客がつく。書店主の人柄がよく居心地のいい店だと、お茶を出してもらいながらつい世間話をしていくことになる。そこに「こういう本はありませんか」と新規の客がやってくる。そして居合わせた客も自己紹介し、新たに知り合いになる。書籍を求める客、近隣の書店主たち、店主の個人的な友人や家族、製本屋などさまざまな人たちが集まるため、書店はしばしば情報交換や知的交流の場になる。

在庫や仕入れの管理をする書店主や店員は、個人差はあるものの、自分のあつかう書籍を非常によく知っている。彼らのもつ膨大な知識は、学校教育で学んだというよりは、書店という商売に必要なものとしてひとつひとつ身につけていったものである。資料の内容や著者、改版や補遺の存在、それらの質の善し悪し。落丁箇所をみつけ、ぬけているページを他の刊本から探し出してはさんでおく人までいる。経験豊かな書店主は書籍に関連する知識として広範かつ高度な教養を身につける。癖の強い人もいるのでだれとでもすぐに打ち解けられるわけではないが、彼らとの会話から得るところは大きい。

書店主は店舗および書庫にある手持ちの書籍はほぼ完全に把握している。また、彼らは同業者や膨大な個人蔵書をもつ人とも交流をもち、たがいに書籍を融通し合うこともある。近隣国に書籍の仕入れにでかける知り合いもいる。店舗と書庫に加えてこのようなつてをもっていることで、彼らの扱い書籍は驚くほど豊かさを増す。それゆえ手元にない本についてもこうした答えが返ってくる。「その本なら、明後日ならこの店にあるだろう。あと、その本には良い別版がでているから、もし何ならそれも手にはいるか探してみよう」。

探書はこの流れの延長上にあるサービスといえる。書店主たちの知識・教養と人脈、そしてサービスがその店の真のキャパシティを決めているといってよいだろう。ただ、こうした取り寄せには多少の日数がかかる。書店のなかには書籍の国外発送までは引きうけないところもあり、数日間の滞在での資料収集はまず難しいと認識しておいたほうが現実的に事を進められる。

効率的に資料を探すには、その書店の得意分野を理解して無理な探書を依頼しないのも大事である。書籍リストをみせれば店主も率直に「これはわからない」と守備範囲外であることを教えてくれる。たとえば、キリスト教関連の資料を探す場合は、キリスト教徒の店主が経営する店のほうがよく探せるうえに、入手の可能性も高い。信仰や地縁による結び付きも仕入れのつてとして有効に働いているからである。

書籍リストは、書店に自分の関心分野をすぐにわかってもらえるという意味で有効である。筆者が「シリアからイラクにかけての地域の地誌や旅行記」で思いつくかぎりの書籍を書きあげた探求本リストをつくっていったときには、書店主からオーストリアの東洋学者ムージルの旅行記『ユーフラテス川中流域』のアラビア語訳がでていることを教えてもらった。[5] ローマ字による地名表記にかなり手こずっていた東洋学者の旅行記から、アラビア語表記の地名を知る材料をひとつ得たことになる。

さらに、書籍リストは書籍のデータを具体的に伝えるのに役立つ。校訂者や出版社などを含む詳細なリストを提示すれば、同タイトルのまったく違う本を買ってしまう危険を防ぐことができる。著者名と書名が同じでも版違いがでている場合もあるので、なるべく詳

5 Alois Musil (1868 〜 1944) はオーストリアの東洋学者・神学者。『特性のない男』で知られる作家ローベルトは彼の又従弟にあたる。Musil, *The Middle Euphrates: A Topographical Itinerary,* New York: Geographical Society of New York, 1927 のアラビア語訳 *al-Furāt al-ʾAwsaṭ: Riḥlah Waṣfīyah wa-Dirāsāt Tārīkhīyah,* Baghdād: al-Majmaʿ al-ʿIlmī al-ʿIrāqī, 1990 は湾岸戦争前年のバグダードで刊行された。なお，彼の『アラビア砂漠』(Musil, *Arabia Deserta: A Topographical Itinerary,* New York: Geographical Society of New York, 1927) も 2010 年にアブダビでアラビア語訳 *Fī al-Ṣaḥrāʾ al-ʿArabīyah: Riḥlāt wa-Mughāmarāt fī Shamāl Jāzīrat al-ʿArab,* Abū Dhabī: Hayʾat Abū Dhabī lil-Thaqāfah wa-al-Turāth, 2010 が刊行されている。

しく書くにこしたことはない。知識の豊富な書店主であれば、一般的に使われているのはどの版か、また良質といえるのはどの版かまで説明してくれることもある。

さて、同一著者の同一著作に、どのような違いがあるのだろうか。「版の善し悪し」は、資料としての信頼性の高低を意味している。ただ読んで概容を知るだけであればどの版であっても問題ないが、それをもとに研究をしていくとなると、土台となる資料の信頼性はその根底をゆるがすものとなりかねない。この信頼性の差は校訂の違いによるところが大きい。

では、校訂という仕事はどういうものなのか。これは、資料を選択していくにあたって知っておくべき知識である。この違いがわかると、より深く資料を理解し楽しめるようになるだろう。

校訂の理想と現実の難しさ

前近代に著された資料は、通常、写本をもとに、テキストとして校訂された状態で刊行される。前近代の著作物は、筆写によって複製されてきたため、写本(手稿本)は概して読みにくく、異本も複数存在する。校訂とは、これら複数の写本を照合し、記述の語学的・事実的な正しさを検証してひとつのテキストとして出版する仕事である。校訂本の利点は、誤りや脱落も含む写本の記述が校訂者による解釈と検証をへて整理されているところにあり、原本の再現性と語学的な正確さを両立させるのが理想的な校訂といえるだろう。理想的な校訂にはいくつか条件があるが、すべての校訂本がこれを満たすとはかぎらない。したがって「だれのどの校訂か」によって資料としての価値は変動する。

筆者が読解した資料から例をあげるが、十三世紀にイブン・アルアスィール[6]が著したザンギー朝史『アターベク王朝における光輝ある歴史』(以下、『アターベク史』)は、同著者のイスラーム世界史『歴史における完全』(以下、『完史』)と比べると小品ながら、これまでに二種類の校訂が出されている。まず、十九世紀末にフランスの歴史学者ドゥ・スラーン[7]が、パリの国立文書館所蔵の写本(No.818)が『完史』で言及された同著者の『アターベク史』であると同定し、仏語訳を付して刊行した校訂である。このドゥ・スラーン校訂に対し、一九六三年にエジプトのトゥライマートはその文法・韻律上の誤りなどの不備を指摘して、同一写本から新たに読み起こした。これがトゥライマート校訂である。

このような来歴をもつ校訂であれば、新しいほうが信頼性も高いと思いたいのが人情である。しかし、冷静に比較検討してみるとそうともいい切れないことがわかる。例をあげよう。

『アターベク史』のなかには、ザンギー朝に仕えていた若きサラディン(アイユーブ朝創

6 Ibn al-Athīr, ʻIzz al-Dīn(1160 〜 1233)は歴史家・ハディース学者。彼が著したイスラーム世界史『歴史における完全 *al-Kāmil fi al-Tārīkh*』およびザンギー朝史『アターベク王朝における光輝ある歴史 *al-Tārīkh al-Bāhir fi al-Dawlah al-Atābakiyah*』は十字軍・対十字軍史研究のもっとも基本的な資料に数えられる。彼は３人兄弟の次男にあたり，兄マジュド・アッディーン，弟ディヤー・アッディーンは有能な官僚・知識人として名を残した。

7 William McGuckin de Slane(1801 〜 72)は，イブン・ハッリカーン『名士列伝 *Wafāyāt al-Aʻyān*』の英訳などアラビア語資料の翻訳・紹介に尽力した。

始者、一一三八〜九三）が将来の野望としてエジプト支配をあげたという逸話が紹介されている。当時、彼はまだ若く、エジプト支配とは身のほど知らずの野望といわざるをえない。しかし、それから約五年後にサラディンは本当にエジプトを支配し、アイユーブ朝を興すことになる。イブン・アルアディームの『アレッポ史』[8]からの引用としてこの逸話は紹介され、そこからその後のエジプト支配者たちの話題に移って、以下の記述が続く。

今日、シリアとエジプトの王であり、高貴なる二聖都〔マッカ（メッカ）とマディーナ（メディナ）〕の守護者であるこれらのチェルケス人たちは、アイユーブ家の諸王の父である、マリク・アルアーディル・アブー・バクル・ブン・アイユーブ〔アイユーブ朝第四代、在位一二〇〇〜一八〕の息子、スルターン、マリク・アルカーミル・アブー・アルマアーリー・ナースィル・アッディーン・ムハンマド〔アイユーブ朝第五代、在位一二一八〜三八〕の息子である、マリク・アッサーリフ・ナジュム・アッディーン・アイユーブ〔アイユーブ朝第七代、在位一二四〇〜四九〕の子孫の〔所有した〕マムルークたちである。

最後に言及されたアイユーブ朝第七代マリク・アッサーリフの即位は一二四〇年で、著者イブン・アルアスィール（一一六〇〜一二三三）の死後である。この部分が後世の加筆であることは明らかだ。内容から、チェルケス・マムルークがエジプトを支配した十四世紀

8 イブン・アルアディーム（1192〜1262）による『アレッポ史の精髄 *Zudbat al-Ḥalab min Tārīkh Ḥalab*』をさす。本書の執筆は1243年以降とみられる。

頃の記述と考えられる。

この記述について両校訂を比べると、トゥライマートは後世の加筆であることを見落としており、校訂序でも見落としを裏づける見解を述べている。他方で、ドゥ・スラーンは直前のイブン・アルアディームの記述じたいが、イブン・アルアスィールの死後のものであると断定し、サラディンの逸話の記述全体が後世の加筆によることを注記で明言した。少なくともこの部分の解釈は旧校訂のドゥ・スラーンの指摘が正しい。新しい校訂が以前の校訂にあらゆる面でまさっている保証はないとわかる。

『アターベク史』が理想的な校訂となりにくい理由のひとつは、『アターベク史』の稿が現在にいたるまで一種類しか発見されていないことである。『アターベク史』は、約一〇〇年存続した一王朝の歴史であり、そもそも写本が多くは流通しなかったと思われる。さらにこの唯一の稿は十八世紀末に書写されたかなり後代のものとみられており、後世の加筆も複数確認される。筆跡は明瞭だが、口語的に綴りをくずした表現が散見されるとドゥ・スラーンもトゥライマートもともに述べている。

『アターベク史』は、状態のよくない稿から校訂せざるをえなかった資料である。『完史』にはない独自情報も含む貴重な資料ではあるが、最良の校訂とはいいがたいため、利用の段階で加筆箇所などに十分注意しなければならない。冒頭の話にもどると、ヒレンブランドが一一五四年以降の『マイヤーファーリキーンとアーミドの歴史』の校訂を断念しているのは、まさにこの状況を懸念して、単一稿にもとづく校訂を避けたのだと考えられる。

校訂本はどのようにつくられるか

理想的な校訂であることと資料内容の価値は必ずしも同じではないが、校訂の質の違いはその資料のもつ情報の信頼性に大きくかかわってくる。では、良い校訂とはどのようにして実現できるのだろうか。アラビア語写本の校訂マニュアル、イヤード・タッバー『写本校訂の手法』第二版(二〇〇五年)をもとに、写本校訂の過程を追ってみよう。

本書の著者は、第一章にまず、校訂の対象とする写本の選択と稿の収集・研究を取り上げている。現存稿の少なさは、校訂対象としてあまり望ましくない条件である。それは照合に使える資料が少ないことを意味し、誤記や欠損、加筆の発見・修正を難しくするからである。

校訂すべき写本を決定したら、その写本の稿がどれだけどこに現存するかを確認し、収集しなければならない。稿を集めたのちに、それぞれの筆写の癖や

▶**イブン・ジュバイル『旅行記』校訂本**(ベイルート, 1986)**の標題紙**　「イブン・ジュバイルの旅行記」と主タイトルが書かれている。著者がつけたタイトル「旅路での出来事にかんする情報覚え書き」は校訂の本文最初に記載されている。

筆写生の能力を見極め、さらに信頼度に応じて稿の序列を明確にする。このときもっとも信頼度が高いものは著者自身の手稿、原本である（著者からの聞き書きもこれに含める）。ついで、著者自身が読誦によって内容の正しさを確認した稿、そのつぎが原本からの写本か、それに応じてアルド（暗誦による読誦証明）[9]がなされた稿、さらに「原本と同時代」の写本で、有識者による聴き取り確認[10]がある稿、原本と同時代の写本で聴き取り確認がない稿、そして「著者と同時代」に有識者によって筆写されたか有識者による読誦証明がある稿と続く。この段階の留意点として、すでによく知られている稿がある場合は、必ず校訂の材料に加えるということがある。その稿が校訂の材料にはいっていないと、後年、記述の確認のためにあらためて写本の稿にまで遡らなければならないからである。

稿の序列が定まったら、著者自身の情報を調べ、またタイトルを確定する。タイトルは著者がつけたとおりにするのが原則であるが、短縮したタイトルを付け、別に著者によるタイトルを付記する校訂者もいる。

ここからが実際の校訂作業となる。写本の読解を進め、底本とした稿とほかの稿とを照合し、誤記の修正や、文字弁別点を欠く文字への補筆、略号を文章に起こすなどの細かな修正をおこなう。こうしてより正しい記述を確定し、異なる記述が底本以外の稿にある場合は、註として記録していく。異同まで記載していくことで、校訂本はそれにかかわるあ

9 読誦証明とは，有識者（著者自身も含むことがある）立ち会いのもとで，写本を読誦し，内容の確認を受けること。これは読誦者が内容を習得していることを証明し，同時に写本の内容の正しさの保証ともなる。アルドとは，写本暗誦を披露することで，内容を習得したという承認を受けること。

10 有識者が写本の朗読を耳で聴いて内容および発音の正しさを確認したこと。

らゆる稿の集大成となるのである。

加えて、本文中のクルアーン、ハディース、詩、諺からの引用部分の原典にあたり、地名・人名などを確認し、その情報も註として記載しなければならない。本文の作業が終わったあとは、校訂序、索引、文献一覧の作成が続く。最後に底本とした稿の一部のページの写真版を付して、校訂本は完成する。[11]

校訂本と写本

このような過程からみえるのは、校訂の質が、もととなる写本の稿の選択と、校訂者の緻密《ちみつ》な仕事の二つにかかっていることである。自分が利用する校訂本の情報がどの程度信頼できるかという問題は、最終的には資料のもとの写本へとつながっていく。自分が手にした校訂本がどの稿を底本としたか、どの稿が参照されたのか。校訂者の手腕を見極めるためにも、写本の稿まで遡ってのチェックが必要になることがある。

さらなる可能性もある。未発見の稿の存在である。前述の『アターベク史』にしても、より信頼性の高い稿が発見されれば、さらに精度の高い校訂が実現できるようになるだろう。

また、校訂本の最大の利点は、写本の記述を整理・修正することにあった。しかし、こ

11 イスラーム地域現地語写本の校訂は日本でもおこなわれている。近年の例としては，間野英二『バーブル・ナーマの研究』全４巻，松香堂，1995 ～ 2001 などがあげられる。

の整理・修正によって切り落とされた部分に有益な情報があるとしたら、それは写本の稿からしか取得できないということになる。

前述の校訂作業の前段階には、写本の稿をその信頼度に応じて序列づけるという作業があった。その決め手となるのは、当該の写本が、いつ、だれによって、どのように作成され、認定されたかという情報である。これらの情報は、写本の巻頭や巻末、あるいは、余白などに記入されている。写本はたいてい行間や余白を大きくとってつくられているので、このスペースに筆写のさいの誤記や写しもらした箇所への補筆・修正がはいったり、本文への注釈(欄外註)や、読誦証明や写本所有者の記録などの稿じたいにかんする情報を記入したりする。このような欄外の情報は、知識の伝承経路や信頼性の認識をあらわす具体的なデータを提示するほか、写本の動産としての側面を伝える有益な資料となりうる。

しかし、校訂にさいしては、これらをあますことなく表現するのは困難である。とくに、記入状況や記入者の手がかりとなる筆跡については、校訂本では註記として文章で著すことしかできない。さらに技法・装飾・材料までを含め、写本の稿じたいにかかわるデータは、稿そのものをみないとわからない。独自

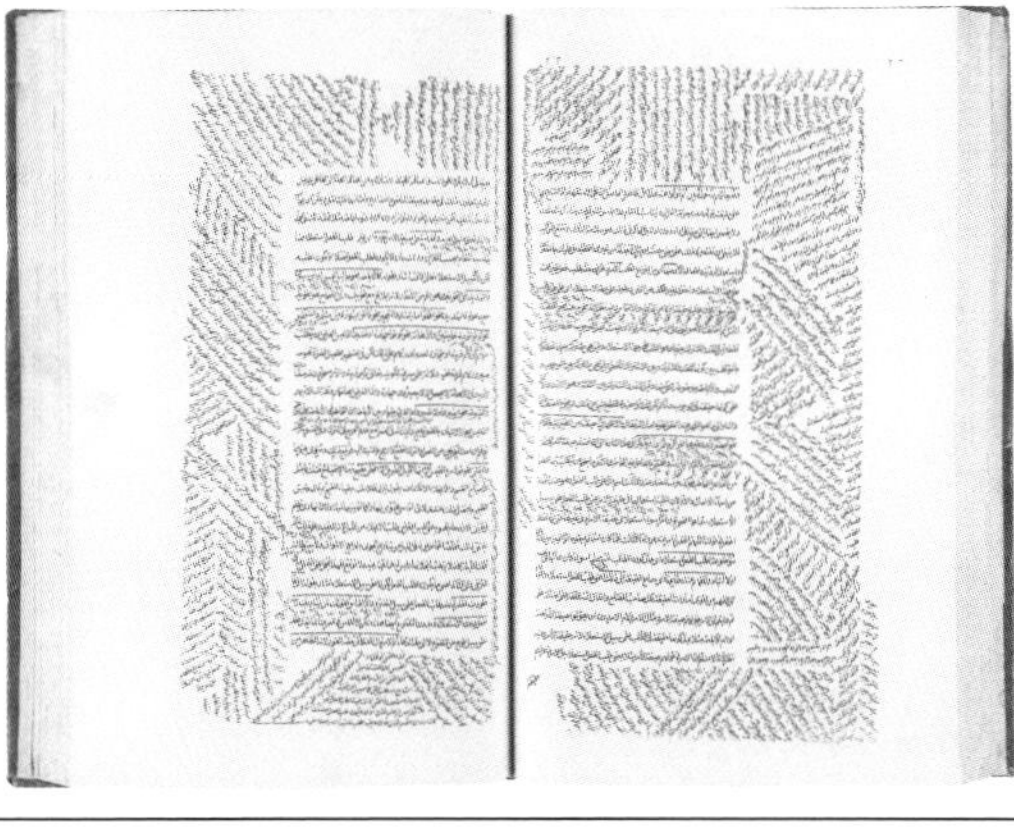

◀**欄外に本文注釈がはいっている例**(タフターザーニー著『長い注釈』東洋文庫所蔵)

情報としての写本の有効性はここにある。

また、手書きの一次資料として「文書資料」（勅令類、財務帳簿、土地台帳、法廷文書、ワクフ〈寄進〉文書など）の存在もあげたい。年代記や法学書や宗教書が、著者が記録や学識にもとづいて考察と推敲をかさねた成果であるのに対し、文書史料は、君主の命令、帳簿、契約など「記録そのもの」であり、商業契約や司法手続きといった社会の制度や慣行を知るうえで不可欠なデータを提供するものである。こうした文書資料は諸国の国立文書館や官庁などに所蔵・整理され、閲覧に供されている。現況ではこれらは手書きの状態のまま公開されるケースが多く（一部の資料は校訂もされているが全体としては少数にとどまる）、そのデジタル・アーカイブ化も進められている。

写本の閲覧

写本を閲覧・複写するには、(1)写本の稿の所在を知る、[12] (2)稿へのアクセスを調べる、(3)所蔵館へのアクセスを調べる、(4)閲覧・複写する、という四段階をへることになる。イギリスにあるフルカーン・イスラーム文化財団の調査（一九八九年）によれば、イスラーム地域で作成された写本は、世界一〇七カ国、約二八〇〇の機関に約三〇〇〇万点が所蔵されているという。探求・入手の過程でとくに気をつけるべきは(2)・(3)の段階で、実際にアクセ

[12] 写本の稿の所在確認は，図書館・文書館の目録や，ブロッケルマン『アラブ文学史』をはじめとする文献研究書から著者別にあたる，校訂本の序から確認するなどの方法があるが，整理・研究が進んでいない稿も多数あるため，当該分野を専門とする研究者にきくという手段でしかみつからないものもある。

スが可能かという問題である。

紙や獣皮紙に手書きで書き込まれた稿は年をへて劣化していく。さらにこれらを取り出して光にさらすと(つまり、閲覧すると)、加速度的に褪色《たいしょく》・破損は進んでしまう。現在は稿の保全のため、現物の閲覧・複写に制限を加える、公開方法を変更するといった対策をとる館がふえている。「写本の稿の閲覧」には、(1)現物をみる、に加えて、(2)マイクロ化された稿をみる、(3)デジタル画像化された稿をみる、(4)紙焼きされた複写資料をみる、といった現物以外の閲覧も含まれるようになった。
(2)〜(4)は、現物を傷めることなく資料が利用できるので、現物を入手できない場合や、公開が制限される場合の代替手段となることが多い。たとえば、国外の図書館からの取り寄せは、(4)複写資料による閲覧といえよう。また、写本のファクシミリ版刊行もこのカテゴリーに含まれる。校訂という過程をへないファクシミリ版の刊行は、写本の閲覧を容易にし、研究対象としての稿じたいの利用を可能にした。ただ、惜しむらくは刊行部数が全般的に少なく、刊行後数年で稀覯《きこう》本となってしまうケースが多い。(3)デジタル画像での公開はこの問題をクリアしている。画質の問題や、プリントアウトやダウンロードが制限されている場合にディスプレーでしか資料がみられないという欠点はあるものの、現物より簡単に拡大した資料がみられ

◀**スレイマニエ図書館写本展示室**(トルコ・イスタンブル)

るなどメリットもある。また、データの容量にもよるが、デジタル・アーカイブとしてインターネット上に公開されれば、現地まで赴くことなく稿を閲覧することが可能になる。

写本の稿など保全が重視される資料については、現物ではなくこのようなデジタル画像での公開が今後は主流になっていくと思われる。現地に行く前に、少なくとも所蔵館のサイトは確認し、複写・撮影の可否も含めて写本の稿の利用にかかわる条件を可能なかぎり把握しておくべきだろう。現物公開不可かつデジタル画像がインターネット上に公開済みというケースもあるからである。

もちろん、所蔵館でなければわからない稿も数多くある。写本には整理・登録がすんでいないものも多く、所蔵館を訪れて現物を調べ、目録にない「未発見」の有益な資料を探し出す研究者も多い。稿へのアクセスと比較すると、所蔵館へのアクセスを調べる過程は見落とされがちだが、実際の閲覧にはどちらの条件も整えておく必要がある。

国外の図書館や文書館での調査でしばしば起きることは、休館中ではいれなかったというケースである。図書館・文書館は所在国の休祝日にあわせて休館するところも多く、現在は多くの国で週休二日制をとっているため、タイミン

▶カラーウィーイーン図書館の閲覧室
(モロッコ・フェズ)

グをはずすと大きな時間のロスが発生する。イスラーム圏ではイード（ラマダーン後の大祭と犠牲祭）や預言者聖誕祭、その前後数日が休みになることもある。さらにフェズ（モロッコ）のカラーウィーイーン図書館のように、八月は原則として休みとしている館もある（二〇一一年調査時）。最低限、所在国の休祝日情報は事前に確認しておくべきである。また、業務時間も館によって異なり、季節によっては一日三～四時間しかあけていない館もあるので、可能なかぎり事前に、もしくは現地到着後すぐに確認をとったほうがよい。

所蔵館の利用も、パスポートの提示のみで許可されるときもあれば、現地の研究者からの紹介状を必要とする場合もある。現地ではじめて知る条件もあるとしても、パスポートのコピーに加えて英文（もしくは仏文）の身分証明書とそのコピーを用意しておいたほうがよいだろう。大英図書館のように利用者数の多い館では、写本の出納予約を電子メールで受けつけているところもある。写本の稿に到達するまでの時間は事前の準備次第でかなり短縮できるので、この確認はおろそかにできない。

最後に、また冒頭の話題にもどる。『マイヤーファーリキーンとアーミドの歴史』のことである。筆者も最終的には写本の稿そのものを閲覧しに大英図書館へと赴いた。はじめて稿の現物をみたとき、驚いたのはところどころ朱のインクでの筆写部分があったことだ。マイクロフィルムからの複写版は白黒だったため、朱字の部分は薄くなり、ほとんど読みとれていなかったのである。複写やデジタル画像など現物以外の閲覧という形式は、今後画質の向上を含め、現物閲覧により近い、もしくはそれ以上の環境を整えていくことが課題といえるだろう。

未校訂の写本資料への関心に始まった筆者の資料収集は、いまのところ失敗や寄り道も多く、知り得た内容もまだ十分ではない。ただ、どのような性質の資料であれ、現地語資料を入手する過程では、資料とその伝達にたずさわる人びとの姿が少しずつみえる。起筆から口承・筆写によって伝えられた資料が、譲渡や寄進、売買をとおして書店や文書館・図書館という場で、現在それを求める人の手にいたる。いまは、そのラインが遠い日本にいるわれわれの手元にも届き始めた。これは、資料にかかわった人それぞれの思考、知識、技術、交流、サービスといった一連の営為の成果であり、資料を得てそれを知ることはこのような営為をたどることになるだろう。資料入手という過程はその一端にふれるだけだが、それでも知ること、知るべきことは山ほどある。

紆余《うよ》曲折《きょくせつ》をへてようやく手元におさまった書籍や写本の静かなありさまをみていると、この向こうにさらにどのような人生や社会がみえてくるのか、早くも少し高揚する。

（柳谷あゆみ）

イスラームから学ぶ

この地球に暮らすムスリムの人口は、一三億とも一六億ともいわれ、四人にひとりがムスリムということになる。イスラーム協力機構に加盟する国家は五七カ国、アジア、アフリカ、ヨーロッパ、アメリカの四大陸にわたり、国家の数でも地球上の四分の一以上を占める。イスラームを学ぶことは、避けてとおれない。これは、約百年前、第一次世界大戦後の日本人がすでに気づいていたことでもある。

イスラームを学ぶといっても、地域や時代は広く、政治・経済から社会・文化まで多様なテーマがからみ合っている。イスラームへの学びの入り口はあちこちにあり、地域に奥深く分けいるような問題もあれば、地域や時代をこえてつながっていく問題もある。言い換えれば、イスラームを学ぶことは、閉じた知の体系をつくることではなく、そこからまた「何か」を学ぶことである。

一昔前の大学の歴史の講義では、教員は最初に、当該授業であつかうテーマにかかわる史資料と研究文献を、延々と黒板に書いて解説した。学生はこれをノートに必死に書き取り、史資料や文献の表記方法も実地に学んだ。教員がナビゲーターであり、文献の探索や入手の指導は教員の腕のみせどころであったが、イスラーム地域にかかわる専門の教員のいない大学でイスラームを学ぶことは難しかった。しかし、現在のように研究テーマが多様化し、史資料も研究文献の量も加速度的にふえている状況では、このような教員の個人技では対応できなくなっている。他方、今日のＩＴ技術の進展により、デジタルデータによる史資料や研究文献の検索や入手が容易になった。身近に教員や専門家がいなくても、自分の努力と工夫次第で、インターネットなどを使って学びの情報を得ることができる。

戦後の日本では、中東やイスラーム地域の研究や教育に特化した中心機関がなく、専門研究者はさまざまな機関に分散しながら、連携して共同研究をおこない、学生は自分の研究関心に近い教員のもとにかよい、「里子」や「もぐり」で勉強した。かくいう私もそのひとりである。このような教員や研究者の人的なネットワークが学びを支え、また事典類や文献目録や叢書などの基礎的な文献の整備に取り組んできたのもこのためである。いまここに、インターネットという強い味方があらわれた。

「論文は一枚の絵のように」というのが、本シリーズの創始者故佐藤次高教授の口癖であった。史資料から得られる情報はじつは断片的なもので、それをつむぎ、再構成し、みえない部分を含めて全体を描くことが求められる。イスラーム地域について、わからないことは山のようにある。「常識に惑わされず、柔軟に、過激に考えてみる」。これも佐藤教授が遺した言葉である。本書が、そのような人びとの手引きとなることを願う。

（三浦　徹）

参考文献

事典・辞典

池田美佐子・塩尻和子『イスラームの生活を知る事典』東京堂出版、二〇〇四年

板垣雄三・後藤明編『事典イスラームの都市性』亜紀書房、一九九二年

大塚和夫ほか編『岩波イスラーム辞典』岩波書店、二〇〇二年

片倉もとこ編『イスラーム世界事典』明石書店、二〇〇二年

日本イスラム協会・嶋田襄平・板垣雄三・佐藤次高監修『新イスラム事典』平凡社、二〇〇二年

The Encyclopaedia of Islam, New edition, 11 vols. and Index, Leiden: Brill, 1960–2009（CD-ROM版、オンライン版もあり）

文献目録・研究ガイド

泉沢久美子編『イスラーム・中東――雑誌記事索引　一九七〇～一九八五』アジア経済研究所、一九八六年

伊藤民雄『インターネットで文献探索二〇一三年版』（JLA図書館実践シリーズ7）日本図書館協会、二〇一三年

金子量重・渡辺兼庸編『西アジアを学ぶ三〇〇冊――アジア民族文化フォーラム'94 西アジア年』アジア民族造形文化研究所、一九九四年

小杉泰・林佳世子・東長靖編『イスラーム世界研究マニュアル』名古屋大学出版会、二〇〇八年

島田虔次ほか編『アジア歴史研究入門　四――内陸アジア・西アジア』同朋舎出版、一九八四年

東洋文庫附置ユネスコ東アジア文化研究センター編『日本における中央アジア関係研究文献目録――一八七九年～一九八七年三月［本編］、索引・正誤』東洋文庫附置ユネスコ東アジア文化研究センター、一九八八～八九年

東洋文庫附置ユネスコ東アジア文化研究センター編『日本における中東・イスラーム研究文献目録——一八六八年〜一九八八年［本編］、索引』東洋文庫附置ユネスコ東アジア文化研究センター、一九九二年

長場紘『現代中東情報探索ガイド』（改訂版）慶應義塾大学出版会、二〇〇六年（初版二〇〇一年）

日外アソシエーツ編『中東・イスラム関係記事索引　一九九〇〜二〇〇四』日外アソシエーツ、二〇〇五年

日本オリエント学会編『イスラーム関係文献目録——日本語の部』日本オリエント学会、一九五八年

羽田正・三浦徹編『イスラム都市研究——歴史と展望』（第二刷）東京大学出版会、一九九六年

東アラブにおける社会変容の諸側面研究会編『文献解題東アラブ近現代史研究』アジア経済研究所、一九八九年

堀込静香編『アフガニスタン書誌——明治期〜二〇〇三年』（文圃文献類従7）金沢文圃閣、二〇〇三年

三浦徹・黒木英充・東長靖編『イスラーム研究ハンドブック』栄光教育文化研究所、一九九四年

宮澤正典編『日本におけるユダヤ・イスラエル論議文献目録——一八七七〜一九八八』新泉社、一九九〇年

宮澤正典編『日本におけるユダヤ・イスラエル論議文献目録——一九八九〜二〇〇四』昭和堂、二〇〇五年

山内昌之・大塚和夫編『イスラームを学ぶ人のために』世界思想社、一九九三年

イスラーム地域研究東洋文庫拠点（秋葉淳ほか）「オスマン帝国史料解題」http://www.tbias.jp/ottomandocuments/

Brockelmann, Carl, *Geschichte der arabischen Litteratur*（*GAL*）2. Aufl, 3 vols., Leiden: E. J. Brill, 1996.(Originally published: Leiden:Brill, 1943).

Sezgin, Fuat, *Geschichte des arabischen Schrifttums*, 9 vols, Leiden: Brill, 1967– .

Storey, C. A., *Persian Literature: A Bio-bibliographical Survey*, 10 vols, London: Royal Asiatic Society of Great Britain and Ireland:

Luzac, 1970– (Originally published: 1927–).

Index Islamicus（一九〇六年以降に刊行された研究文献の総合目録。冊子体、CD-ROM版、オンライン版がある）

概説・叢書

アイケルマン、D・F（大塚和夫訳）『中東——人類学的考察』岩波書店、一九八八年

板垣雄三ほか編『講座イスラム』全四巻、筑摩書房、一九八六年

板垣雄三ほか編『講座イスラーム世界』全五巻、栄光教育文化研究所、一九九四〜九五年

小杉泰『現代イスラーム世界論』名古屋大学出版会、二〇〇六年

小松久男ほか『イスラーム世界とアフリカ　一八世紀末〜二〇世紀初』（岩波講座世界歴史21）岩波書店、一九九八年

小松久男編『中央ユーラシア史』（新版世界各国史4）山川出版社、二〇〇〇年

加藤博『イスラム世界の経済史』NTT出版、二〇〇五年

佐藤次高ほか『イスラーム世界の発展　七〜一六世紀』（岩波講座世界歴史10）岩波書店、一九九九年

佐藤次高編『西アジア史Ⅰ　アラブ』（新版世界各国史8）山川出版社、二〇〇二年

佐藤次高ほか編『イスラーム地域研究叢書』全八巻、東京大学出版会、二〇〇四〜〇六年

佐藤次高・小杉泰編『イスラームの歴史　1・2』（宗教の世界史11・12）山川出版社、二〇一〇年

佐藤次高・鈴木董・坂本勉編『イスラームの世界史』（講談社現代新書）全三巻、講談社、一九九三年

永田雄三編『西アジア史Ⅱ　イラン・トルコ』（新版世界各国史9）山川出版社、二〇〇二年

羽田正ほか『イスラーム・環インド洋世界　一六〜一八世紀』（岩波講座世界歴史14）岩波書店、二〇〇〇年

堀井聡江『イスラーム法通史』山川出版社、二〇〇四年
間野英二・堀川徹編『中央アジアの歴史・社会・文化』放送大学教育振興会、二〇〇四年
三浦徹編『イスラーム世界の歴史的展開』放送大学教育振興会、二〇一一年
三木亘ほか編『イスラム世界の人びと』全五巻、東洋経済新報社、一九八四年

史料集

歴史学研究会編『世界史史料２　南アジア・イスラーム世界・アフリカ――一八世紀まで』岩波書店、二〇〇九年
同『世界史史料８　帝国主義と各地の抵抗１　南アジア・中東・アフリカ』岩波書店、二〇〇九年

インターネットの文献検索サイト（二〇一三年八月現在）

アジア経済研究所図書館図書・雑誌・雑誌記事索引検索　http://webopac.ide.go.jp/webopac/catsrd.do
国立国会図書館（ＮＤＬ）
　国立国会図書館サーチ　http://iss.ndl.go.jp/　ＮＤＬ-ＯＰＡＣ https://ndlopac.ndl.go.jp/
国立情報学研究所（ＮＩＩ）
　大学図書館の本をさがす　CiNii Books　http://ci.nii.ac.jp/books/
　日本の論文をさがす　CiNii Articles　http://ci.nii.ac.jp/
　Webcat Plus　http://webcatplus.nii.ac.jp/index.html
総合電子ジャーナルプラットホーム（Ｊ-ＳＴＡＧＥ）　http://www.journalarchive.jst.go.jp/japanese/top_ja.php
東京外国語大学中東新聞翻訳サイト「日本語で読む中東メディア」

http://www.tufs.ac.jp/common/prmeis/fs/index.html
東洋文庫
「日本における中央アジア文献目録の検索」 http://61.197.194.11/open/CentralAsia.html
東洋文庫研究部イスラーム地域研究資料室
「日本における中東・イスラーム研究文献データベース 1868–」 http://www.tbias.jp/document_research.cgi
日本中東学会「日本における中東研究文献データベース 1989–2013」
http://www.james1985.org/database/database.html
Abstracta Iranica, 1978– http://www.openedition.org/156
MENALIB（中東イスラム研究の各種データベースの横断検索サイト） http://www.menalib.de/
Turkologischer Anzeiger, 1975– http://kjc-fs2.kjc.uni-heidelberg.de:8000/
WorldCat http://www.worldcat.org/advancedsearch

図書館・文書館の案内

阿部尚史「国内図書館所蔵ペルシャ語図書の利用とイランの図書館の動き——イラン史研究の立場から」『アジ研ワールド・トレンド』一七巻三号、二〇一一年
宇野陽子「学界動向 トルコの文書館・図書館案内」『イスラム世界』六五号、二〇〇五年
勝沼聡「エジプト・国立文書館紹介」『アジ研ワールド・トレンド』一一巻三号、二〇〇五年
島田志津夫「ウズベキスタンの公文書館事情」『イスラム世界』六一号、二〇〇三年

高松洋一「トルコ・総理府オスマン文書館——電子化に向かう途上国最古のアーカイブズ」『アジ研ワールド・トレンド』一一巻三号、二〇〇五年
林瞬介「トルコの図書館」『アジア情報室通報』九巻一号、二〇一一年
アジア経済研究所図書館地域別資料ガイド
中東・北アフリカ　http://www.ide.go.jp/Japanese/Library/Region/Middle_east/index.html
中央アジア　http://www.ide.go.jp/Japanese/Library/Region/Central_asia/index.html
イスラーム地域研究東洋文庫拠点「イスラーム地域資料館・研究図書館ガイド」
http://www.tbias.jp/researchguide_detail.html
国立国会図書館関西館アジア情報室
アジア情報機関ダイレクトリー（中東・北アフリカ、中央アジア）　http://rnavi.ndl.go.jp/asia/entry/directory.php
東洋文化研究所付属東洋学研究情報センター「アジア研究情報Gateway」　http://ricas.ioc.u-tokyo.ac.jp/asj/index.html#aws

第1章

板垣雄三『歴史の現在と地域学』岩波書店、一九九二年
板垣雄三『イスラーム誤認』岩波書店、二〇〇四年
加藤普章『新版エリア・スタディ入門』昭和堂、二〇〇五年
小村不二男『日本イスラーム史』日本イスラーム友好連盟、一九八八年
サイード、エドワード・W・（板垣雄三・杉田英明監修、今沢紀子訳）『オリエンタリズム』上・下（平凡社ライブラリー）平凡

社、一九九三年
杉田英明『日本人の中東発見――逆遠近法のなかの比較文化史』（中東イスラム世界２）東京大学出版会、一九九五年
三浦徹 “Perception of Islam and Muslims in Japanese High Schools: Questionnaire Survey and Textbooks”『日本中東学会年報』二一巻二号、二〇〇六年
三浦徹 “The Middle East in Studying and Teaching World History in Japan”『日本中東学会年報』二八巻一号、二〇一二年

第２章

アブデュルレシト・イブラヒム（小松香織・小松久男訳）『ジャポンヤ――イブラヒムの明治日本探訪記』（イスラーム原典叢書）岩波書店、二〇一三年
池井優・坂本勉編『近代日本とトルコ世界』（慶応義塾大学地域研究センター叢書６）勁草書房、一九九九年
臼杵陽「戦時下回教研究の遺産――戦後日本のイスラーム地域研究のプロトタイプとして（特集 イスラーム）」『思想』九四一号、二〇〇二年
大澤広嗣「昭和前期におけるイスラーム研究――回教圏研究所と大久保幸次（特集 イスラームと宗教研究）」『宗教研究』七八巻二号、二〇〇四年
佐藤次高「イスラーム地域研究――歴史と展望」『イスラーム地域研究ジャーナル』一号、二〇〇九年
三浦徹「『日本における中東・イスラーム研究文献目録』とデータベース」『アジ研ワールド・トレンド』一四巻三号、二〇〇八年
三沢伸生「一八九〇～九二年におけるオスマン朝に対する日本の義捐金処理活動――日本社会にとっての「エルトゥールル号事

件」の終結」『東洋大学社会学部紀要』四一巻一号、二〇〇三年

第3章

『コーラン』（井筒俊彦訳）全三巻（岩波文庫）岩波書店、一九五七～五八年
『コーラン』（藤本勝次・伴康哉・池田修訳）全二巻（中公クラシックス）中央公論新社、二〇〇二年（元版一九七〇年）
『日亜対訳注解　聖クルアーン』改訂版（三田了一訳）日本ムスリム協会、一九九六年（http://www.geocities.jp/theeguu/quran/）
井筒俊彦『イスラーム生誕』（改版）（中公文庫）中央公論新社、二〇〇三年（初版　人文書院、一九七九年）
イブン・イスハーク、イブン・ヒシャーム編註（後藤明・医王秀行・高田康一・高野太輔訳）『預言者ムハンマド伝』全四巻（イスラーム原典叢書）岩波書店、二〇一〇～一一年
イブン・イスハーク（座喜純・岡島稔訳・解説）『預言者の生涯――イスラーム文明を創造した男の物語』第一～四巻　ブイツーソリューション、二〇一〇～一二年
後藤明「イスラム世界の史料の扱い方」歴史科学協議会編『卒業論文を書く――テーマ設定と史料の扱い方』山川出版社、一九九七年
清水宏祐「イスラーム史を読み直す」後藤明編『文明としてのイスラーム』（講座イスラーム世界2）栄光教育文化研究所、一九九四年
林佳世子・桝屋友子編『記録と表象――史料が語るイスラーム世界』（イスラーム地域研究叢書8）東京大学出版会、二〇〇五年

ブハーリー（牧野信也訳）『ハディース　イスラーム伝承集成』全六巻（中公文庫）中央公論新社、二〇〇一年
ベル、リチャード（医王秀行訳）『コーラン入門』（ちくま学芸文庫）筑摩書房、二〇〇三年
ムスリム・ビン・アル・ハッジャージ『日訳サヒーフムスリム』（磯崎定基・飯森嘉助・小笠原良治訳）全三巻　日本サウディアラビア協会、一九八七～八九年
ワット、モンゴメリー（牧野信也・久保儀明訳）『ムハンマド――預言者と政治家』みすず書房、一九七〇年

第4章

谷口淳一『聖なる学問、俗なる人生――中世のイスラーム学者』（イスラームを知る2）山川出版社、二〇一一年
日本学術振興会カイロ研究連絡センター編『カイロ書店案内二〇〇四』日本学術振興会カイロ研究連絡センター、二〇〇四年
al-Ṭabbāʿ, Iyād Khālid, *Minhaj taḥqīq al-makhṭūṭāt wa-maʿahu Kitāb shawq al-mustahām fī maʿrifat rumūz al-Aqlām li-Ibn Waḥshīyah al-Nabaṭī*, 2nd ed., Dimashq: Dār al-Fikr, 2005.
Roper, Geoffrey, ed., *World Survey of Islamic Manuscripts*, London: Al-Fulqān Islamic Foundation, 1992–94.

図版出典一覧

著者(三浦)撮影　口絵(ダマスクス歴史文書館，モロッコ王立図書館，スレイマニエ図書館，オスマン文書館，中央アジア古文書)，*86, 94左, 111*

著者(柳谷)撮影　口絵(カイロ図書館)，*91左, 94右, 112*

著者(三浦)提供　口絵(坂本健一『麻謌末』)，*2, 3, 10, 18, 80*

著者(徳原)提供　*66, 72*

著者(柳谷)提供　*91右, 106*

大河原知樹　口絵(ダマスクス歴史文書館文書修覆)

公益財団法人東洋文庫　口絵(クルアーン，ヴェラム文書)，*109*

国立国会図書館デジタル資料　*9*

近藤信彰　カバー(コムの書店)

山田家所蔵・提供　*52左*

ユニフォト・プレス　口絵(書店の店先)

山田寅次郎『土耳古画観』博文館, 1911, p.26.　*52右*

Bernard Lewis (ed.), *The World of Islam: Faith, People, Culture*, Thames and Hudson, 1997, p.112　*41*

Dündar, A. Merthan, *Japonya'da Türk Izleri*（日本におけるトルコの軌跡），Ankara: Vadi Yayınları, 2008, pp.68, 121.　*55右, 左*

http://www.youtube.com/watch ? v=l9pPuaLRNa8　*4*

http://www.james1985.org/public_lectures/public_lecture_2003.html　*6*

http://www.tbias.jp/document_research.cgi　*47*

三浦 徹（みうら とおる）

1953年生まれ。東京大学大学院人文科学研究科博士課程中退。

専攻，アラブ・イスラーム史・中東地域研究。

現在，お茶の水女子大学文教育学部教授，公益財団法人東洋文庫イスラーム地域研究資料室長。

主要著作：『イスラームの都市世界』（山川出版社1997），『イスラーム世界の歴史的展開』（編著，放送大学教育振興会2011），『比較史のアジア――所有・契約・市場・公正』（共編著，東京大学出版会2004）

後藤敦子（ごとう あつこ）

1964年生まれ。お茶の水女子大学大学院人文科学研究科修士課程修了。

専攻，中世イスラーム史。

現在，公益財団法人東洋文庫イスラーム地域研究資料室研究協力者。

主要著作：「セルジューク朝時代のシフナ職」『イスラム世界』39・40号(1993)，「10-12世紀における王権の象徴に関する一考察」『オリエント』42巻2号（2000)，「アラビア文字図書における図書整理の現状と課題――東洋文庫アラビア語図書典拠ファイル作成の紹介」内藤衛亮（研究代表者）『典拠情報と典拠コントロールの現状』（国立情報学研究所2001）

徳原靖浩（とくはら やすひろ）

1974年生まれ。東京外国語大学大学院地域文化研究科博士後期課程単位取得退学。

専攻，イラン思想史，ペルシア文学。

現在，人間文化研究機構地域研究推進センター研究員，公益財団法人東洋文庫研究員。

主要著作：「ナーセル・ホスロウにおけるイスマーイール派思想――宇宙論と聖典解釈を中心に」小林春夫ほか編『イスラームにおける知の構造と変容――思想史・科学史・社会史の視点から』（早稲田大学イスラーム地域研究機構2011）

柳谷あゆみ（やなぎや あゆみ）

1972年生まれ。慶應義塾大学大学院文学研究科後期博士課程単位取得退学。

専攻，中世イスラーム政治史。

現在，公益財団法人東洋文庫研究員。

主要著作：「政権形成におけるヒドゥマの成立・解消・維持――ザンギー朝の事例を中心に」（『史学』81号，2013)，『日本におけるアラビア文字資料の所蔵及び整理状況の調査』（編著，人間文化研究機構〈NIHU〉プログラム「イスラーム地域研究」東洋文庫拠点 2009)，詩集『ダマスカスへ行く　前・後・途中』（六花書林2012，第5回日本短歌協会賞）

イスラームを知る3
イスラームを学《まな》ぶ　史資料《ししりょう》と検索法《けんさくほう》
2013年11月20日　1版1刷印刷
2013年11月30日　1版1刷発行
編者：三浦《みうら》 徹《とおる》
監修：NIHU(人間文化研究機構)プログラム
イスラーム地域研究
発行者：野澤伸平
発行所：株式会社 山川出版社
〒101-0047　東京都千代田区内神田1-13-13
電話　03-3293-8131(営業) 8134(編集)
http://www.yamakawa.co.jp/
振替　00120-9-43993
印刷所：株式会社 プロスト
製本所：株式会社 ブロケード
装幀者：菊地信義
 ISBN978-4-634-47463-5